U0073624

前所未有的邪惡迫害

滅絕人類的善性

托斯坦・特瑞 Torsten Trey ／ 朱婉琪 編著

博大 出版

編者的話

　　2010年諾貝爾和平獎候選人加拿大人權律師大衛・麥塔斯（David Matas）與「美國醫師反對強制摘取器官組織（DAFOH）」執行長托斯坦・特瑞（Dr. Torsten Trey）醫生共同編著的《國家掠奪器官：器官移植在中國被濫用的黑幕》在2012年出版之後獲得世界各地來自醫學界、法律界及政界的正面迴響。人們在震驚之餘開始關注中共活摘器官的真相，並且在全球各地，包括歐美國會在內，舉辦揭露及制止中共活摘器官的研討會、聽證會等活動；中國民眾甚至冒著危險在中國大陸發起制止活摘暴行的簽名義舉。然而，中共活摘器官的暴行至今仍在持續中。

　　探究中共活摘器官暴行持續至今的根本原因，在於中共對法輪功學員進行滅絕性的迫害不止。中國的法輪功學員成為了中國大陸最大的器官供應庫、被活摘器官的最主要的受害群體。中共對於法輪功的迫害只要一天不停止，活摘器官的暴行也不會結束。

　　托斯坦・特瑞醫生因此邀請法輪功人權活動家朱婉琪

律師共同編著一本深入探討活摘器官的根源問題「迫害法輪功」的書。兩位編者邀集了世界各地長期關注法輪功受迫害情況的知名學者專家、議員、律師、醫師及人權活動家從政治、社會、經濟、醫學、法學、媒體、文化等不同面向來探討及分析中共前黨魁江澤民發起鎮壓法輪功的這場迫害對於21世紀人類各個層面的影響。

　　讀者可從歐洲、美洲及亞洲的19位作者的客觀分析及論述中了解到，「迫害法輪功」並非只是一場針對法輪功團體成員的迫害，剝奪的不只是上億法輪功學員的基本人權，這場恐怖迫害的進行、持續及蔓延嚴重荼毒了人類的良知和善性，崩解了人類道德的普世價值，對人類的影響超乎想像，而世上每一個人其實都被捲入這場前所未有的邪惡迫害之中。

　　這本書命名為「前所未有的邪惡迫害」是準確而嚴肅的召喚人類的良知來面對及結束21世紀最沉痛的人權災難。

目錄

三、醫學

第一部份

媒體

獨裁者的邏輯

吳葆璋

1999年10月，法國大報《費加羅》（le Figaro）編輯委員會主席阿蘭‧佩雷菲特（Alain Peyrefitte）書面採訪即將訪問法國的共產中國元首江澤民，請他就中國，法國和世界問題發表看法。江澤民抓住這個機會，以先聲奪人的手法，佔領國際媒體，用「邪教」二字，為他在半年前開始的暴力鎮壓法輪功的行徑辯解。

中共當局選擇法國出於兩重目的，一是法國多年來，特別是自震驚世界的「人民聖殿」（the peoples temple）事件以來，採取了一系列措施，從行政和司法兩條途徑著手，防止各類邪教在法國氾濫。因此，利用法國這個特殊的歷史環境，在中共當局看來，乃是顛倒黑白混淆是非的良機。

二是專訪到訪的外國領導人，是法國各大媒體，為爭

奪市場而極力追求的目標。中共當局對《費加羅》報投其所好，而條件則是專訪必須全文發表。在政界和報界盡出風頭的佩雷菲特自然是唯命是從了。

江澤民到訪的當天，《費加羅》如約，全文照發了專訪。這篇專訪對法國輿論造成強烈的衝擊。一時間，甚至有記者居然不假思索地鸚鵡學舌，也有的噤若寒蟬，對中國大陸正在進行的針對法輪功學員的搜捕、監禁、酷刑、洗腦不敢問津。

上個世紀90年代初，共產主義在中國大陸40多年的統治，致使數千萬無辜的百姓深受其害，共產主義意識形態受到普遍的質疑。一種提倡「真善忍」價值準則，旨在健身祛病的修煉方法－－法輪功，在中國傳統的氣功的基礎上，得到了出人意外但又是情理之中的發展，受到各個階層的民眾普遍的歡迎。對於這種「有百利無一害」的修煉方法，官方媒體也曾歡呼倡導。然而，在很短的時間裡，有億萬人參加的煉功活動，卻受到了中共政治當局另眼看待。

中共建政以來，始終不渝堅持的一條原則，就是不允許有任何與共產黨平行的組織存在；由共產黨自上而下垂直領導一切，被認為是其安身立命的根本之一。妝點「人

民政治協商會議」的所謂民主黨派，在它們的黨章中均寫明擁護共產黨的領導，便是一個明顯的例證。在「人民代表大會」及至各工青婦一類的群眾團體，工廠、學校、商店、街區、農村，均設立黨組或黨支部，則是中國大陸特色的政治現實。而如今，法輪功的出現，他所倡導的價值準則，與共產主義南轅北轍，但卻受到包括共產黨員在內的億萬民眾的愛戴。有鑒於當年東歐和蘇聯的巨變，中共當局杯弓蛇影，不寒而慄，認定法輪功就是波蘭的團結工會！

這個結論一出，隨之而來的便是瘋狂野蠻的鎮壓；在1989年天安門大屠殺後，又一大批無辜的中國人成了共產主義的受難者。如同歷次的政治運動，全國大搜捕，囚禁、關押、洗腦總是以一場用謊言和謬論織成的大批判為前導。其目的則在於用虛設的罪名，脅迫不明真相的民眾與當局一起從各個層面「消滅」法輪功。

記得是1956年，我開始大學生活的一年。我和很多青年同學一樣，都喜歡籃球運動。大家決定組織一次班級籃球比賽。就在第一場比賽即將開始的時候，一位年紀比我們都要大的同學，突然出現在場上，正顏厲色地對我說：「你們要幹甚麼？」我回答：「賽球呀。」

他說：「賽球？跟黨支部說了嗎？」我答：「這也？……沒有。」他立即以訓斥的口吻命令：「黨支部不知道，解散！」同學們這才知道，那位入學前曾是共產黨幹部的同學，乃是一年級黨支部書記。我也初步領教了共產黨的組織原則。

再過一年，1957年的「反右派」運動開始的信號，則是共產黨機關報《人民日報》的那篇社論：「這是為什麼？」接下來，連篇累牘的大批判文章，硬是捏造了一個又一個所謂「反黨反社會主義右派分子」的故事。直到20多年後，當我再次遇到一位「右派」同學的時候，大家面面相覷；我問：「你不是右派啦？」他苦笑著回答：「他們又摘了我頭上的帽子。」

1966年開始的所謂「文化大革命」也是以批判一齣歷史劇開場的。紅衛兵佔領了新華社總編室後的一天，我偶爾遇到已經被當作「牛鬼蛇神」揪鬥，在院內「勞改」的社長穆青。我不解地問他：「你怎麼是走了資本主義道路啦？」他神色恍惚地說：「我？……30年革命不通馬列……」

1989年6月3日晚間，我從巴黎打電話回北京質問到底發生了甚麼事情？誰是「廣場暴徒」？接電話的人只回

了一句話就把電話掛了：「不用問了，總社已經被軍管了！」每逢重大行動，首先控制輿論部門乃是獨裁政權的慣用手法。

批判法輪功的文宣攻勢是於1996年6月17日由《光明日報》發起的，十幾家報章雜誌奉命跟進。1999年7月23日，中共機關報《人民日報》發表社論：「提高認識、看清危害、把握政策、維護穩定」，嚴詞指斥法輪功為「非法組織」，從而吹響了取締鎮壓的號角。於此同時，當局還發動它所控制下的宗教界人士，民間團體乃至學術團體，發表談話，舉行座談會，就一個莫須有的罪名，口誅筆伐，一場空前慘烈的政治運動就此展開了。

中共當局貼在法輪功群體上的標籤不斷變換：「非法組織」、「邪教組織」、「反動敵對組織」、「西方反華勢力的政治工具」、「反政府組織」、「反動政治組織和政治勢力」和「恐怖主義組織」。這些信口雌黃的宣傳一度也曾使我的一些法國同行們疑惑不已。

我是在1989年北京六四慘案後，告別新華社，受法國國際廣播電臺董事會邀請，創建法國對華華語廣播中文部的。前述江澤民訪問法國後不久，北京大使館曾派人約見法廣董事長，談法國對華廣播問題。董事長讓保羅‧克律

澤爾（Jean-Paul Cluzel）提出，中文部主任一起見面，北京外交官卻執意不肯。克律澤爾在會晤後笑著對我說：「我接見了一名紅衛兵。」

隨後不久，另外一名北京外交官約我喝咖啡。一見面，他開宗明義：「我現在要同你談的就是法輪功問題；你所領導的華語節目不要再報導法輪功了。」我問他為什麼？他毫不猶豫地說：「那是邪教，我給你帶來了很多材料。」他從桌子底下掏出來一個大口袋，裡面裝滿了各種有關誣衊法輪功的宣傳材料、小冊子、宣傳畫、錄影帶和光碟。

我明確的告訴他：「邪教是你們的說法，法廣是獨立的媒體，沒有獨立媒體的調查，我們既不能不報導，也不會按照你們的意思去報導法輪功的。」我建議他，既然法輪功問題已經被政治化和國際化了，大陸當局就應該敞開大門，讓國際媒體就法輪功問題作獨立的調查。

也就是在江澤民訪問法國後不久，我們發現在北京使館的網站上，闢有專門針對法輪功的宣教專欄。這種甚至涉及到外交領域的不遺餘力的狂熱，雖然可能矇騙人於一時，但也喚起了人們的警覺和疑慮。

江澤民利用《費加羅》報欺騙法國輿論和民眾，並

沒有阻止法國當局和有識之士探究法輪功真相的努力。法國政府曾於2002年11月發佈政令，成立了直屬總理府的一個旨在「警惕和為反對邪教氾濫而鬥爭」的各部聯席專案組（Mission Interministerielle de Vigilance et de Lutte contre les Derives Sectaires）。它的任務就是「通過其戕害人權和基本自由以及其他應受到指摘的行為，觀察和分析邪教現象」。這個專案組還負責「協調公權力防範和彈壓各種邪教氾濫的行動」。

然而，迄今法國當局並沒有把法輪功列入其要防範和彈壓的邪教團體名單。每到週末，法輪功學員在巴黎埃菲爾鐵塔前和另外兩處公園公開煉功，至今不斷；天國樂隊多次參加法國當局組織的大型文化活動；在法國國民議會大廈內，法輪功多次舉辦講真相報告會和研討會。

有趣的是，多年來，法輪功學員要求到北京駐法使館前面舉行抗議活動的申請，法國警方總是藉故不予批准。2009年7月，法輪功學員就此向法國司法當局提告法國員警當局（la prefecture de police）。巴黎行政法院（le tribunal administratif de Paris）最終根據緊急訴訟法官的裁定（l'ordonnance du juge des referes），宣佈法輪功勝訴，法國警方敗訴並被判處向法國法輪大法協會賠款1,000歐元。

對於外國人來說，沒有足夠的中國文化傳統知識和對共產中國的認知，的確一時很難瞭解法輪功真相。在中國不同時期的共產主義受難者群體中，法輪功修煉者是一個罕見的壓不垮打不散的群體；法輪功是率先發表反抗暴政檄文《九評共產黨》，全面揭示中國共產黨真相的群體，法輪功也是開中國新聞史先河，在鎮壓的低谷，絕地奮起，在境外創辦了《大紀元時報》、《希望之聲廣播電臺》和《新唐人電視臺》等一大批獨立傳媒的群體；法輪功在國際組織和外國法院提告中共領導人，史無前例；近年來創立以弘揚中華傳統文化為宗旨的《神韻》藝術和開展各種文化大賽活動，蜚聲世界。法輪功修煉者正在和其他的共產主義受難者們一道，為使中華民族最終擺脫共產主義造成的苦難，融入民主自由的歷史洪流而奮鬥不息。

我確信，法輪功這個非典型的抗暴群體，首先是他們中間，那些被大浪拋上歷史前臺的修士們，只要心如明鏡，拂拭世俗的塵埃，他們就一定能圓上那人間善良的夢：「蒼生歸正道，江山復清明」。

就在法輪功遭受迫害後不久，一個被稱之為「訪民」的群體竟然成了北京的一道風景線。這些在一黨壟斷的經濟榮景掩蓋下，被貪官汙吏欺壓得家破人亡，無處申冤的

民眾，連年不斷冒險湧向北京，希望討得一點公道，結果卻往往是被拒之門外，甚至被關進黑牢。人們擔心的是，他們是否是中國最後一批共產主義受難者？至於當局賜給他們的政治標籤，至今似乎還沒有定論。

那些無視共產主義的罪惡，見死不救，為極權主義辯解，乃至渴望分它一杯羹的翩翩君子們，不知他們是否想到過，那一時的風光會讓他們和他們的子孫後代背負千古的罵名呢！

本文開篇提到的那位法國名士阿蘭‧佩雷菲特，被認為是一個「陷入周恩來的魅力而不能自拔」的人。中共當局在他死後，在武漢大學校園內破格為他樹立了一尊塑像，供學子們瞻仰。關於他，中國的青年人還能記憶起甚麼呢？除了充當中共黨魁江澤民的幫兇，誣蔑一個正在遭受殘酷迫害的中國人群體外，1973年，這位「中國通」曾出版過一本書：《當中國醒來的時候，世界將為之顫抖》，為文化大革命癲瘋時期的中國大陸，竭盡張目鼓噪之能事。他身邊的人日後透露說，這本書展示的中國，「實際上就是周恩來所說的中國」。作者認為，有了眾多的人口和雄厚的經濟技術實力，中國就會立足於世界之林。中國人常說「鼎立三足」，佩雷菲特那本書的讀者們

則指出：沒有民主，不揚棄共產獨裁體制，中國的崛起不
過是癡人說夢。

媒體全面壟斷：即使最反對的批評者中共黨國也可成功操控

克萊夫‧安世立

　　我在中國居住工作共14年。自1999至2003年期間，我第一手觀察到中國共產黨及其國家總書記江澤民所引發的惡意的誹謗與妖魔化的運動。在早些時候，沒人能想到或預見到江及其周圍可怕而殘忍的一小撮人，竟用惡夢般、惡魔般的計謀，將他們所視為的威脅──平和的法輪功學員以「最終解決方案」（final solution）來處理。

　　時至今日，中共對法輪功學員大規模謀殺與活摘器官是無庸置疑的，大量的證據迫使我們將這場屠殺視為既成事實。然而，回顧以往，有什麼在中國政治制度中可以解釋這場自1999年開始，使希特勒第三帝國的暴行相形見絀

的慘酷迫害，在中國竟然能毫不衰退地持續著？

　　這究竟從何而來？如何成為可能？藉由事後的分析，很明顯地，這場由江澤民所發起針對法輪功而來驚人的、歇斯底里的仇恨運動，是以對抗邪教（並不是指中國共產黨，而是其他被指為邪教）的義舉為名，企圖麻痺參與這場對同胞最殘酷的酷刑暴行的加害者的良知。

　　對照納粹與今日中國的顯著特徵：一個曾經文明、理智的社會被「一個殘忍無情的政黨……小心翼翼地隱藏它的犯罪活動」所蹂躪——以色列宗教事務法庭在一項判決中指出這兩場世界所承受的迫害有詭異的近似之處。

　　納粹德國宣傳部長戈培爾的「大謊言」早就眾所周知毋須詳述；撒謊的次數夠多、夠大，人民就會相信。納粹德國充分利用這個原則把猶太人妖魔化。他們成功的將猶太人描繪成次等人種、非人類，並且對於德國社會存在危險威脅。

　　這正是我目睹中共對法輪功所做的事。不意外的是，中共許多政策與運動都是效法納粹德國。所謂中國的「共產黨」不過是在名稱上。實際上它完全符合標準的法西斯主義的定義。

　　早年我所目睹這場針對法輪功展開的迫害運動，每天

都使我想起納粹對猶太人的妖魔化。但我沒能預見即將到來的可怕真相。

諷刺的是，早年主要媒體經常錯誤地指控法輪功學員犯下慘無人道的、淫穢的罪行，令人聯想到今日那些中共加害法輪功學員、人權律師、異議人士、基督徒、回族、圖博（西藏）人等持續的犯行。

迫害一開始將法輪功定性為邪教的正是江澤民。為了將煽動仇恨之火燒向在中共歷史上一長串迫害名單上最近出現的這個團體，中共宣傳法輪功學員殺自己的小孩，甚至進一步宣稱這些學員真的會吃掉自己的小孩。

早年這種煽動性的恐怖故事與謊言每天出現在出版品與電視媒體上，為成形中的「邪教」賦予深植人心的具體形象與內涵，這個形象正是中共所塑造宣傳的。

一則被中國媒體廣為報導的故事是某人於南京一處很受歡迎的餐廳，在麵條中下老鼠藥，毒死了42個人。這些兇手都被歸因於法輪功的教導。雖然那時我對法輪功一無所知，但當下我並不相信這個故事。其一，我強烈感覺將這些大量殺人的案件的責任套在法輪功身上，根本是中國當局事後想出來的辦法。這些殺人嫌犯的「審判」後來被廣泛報導，在案件涵蓋的範圍裡根本沒有提及法輪功。然

而兇手被處決後，媒體似乎再度添油加醋：「順帶一提，他（兇手）是個法輪功學員。」我清楚記得在羅織對法輪功的指控之前，這個故事的大部分早就被揭露了。

早些年，我從未見過哪家媒體不是充滿恨意的針對法輪功來做報導，並且通常這些惡魔非人的故事都遭指控是因為法輪功教導所致。

再次說明，縱使我在迫害初期對法輪功尚無所知，我仍是高度懷疑共產黨的指控，遭中共誹謗的法輪功受害者當然否認對他們任何的指控。就我個人長期經驗得知，在中共統治下的中國是制度性地說謊。這點真確到了中共的領導們、政黨和政府組織及發言人都說謊到病態的程度。他們無法說真話，即使真相對他們無害。中共在基本原則上就是說謊，即使沒理由隱藏真相，在中國一句廣為流傳的老掉牙笑話是：「《人民日報》唯一真實的是日期。」因此我是對中共的話抱持懷疑。

中共如何能對如此眾多的中國民眾撒彌天大謊？

這不是個簡單的問題。令人困惑的是，很明顯地中共在中國民眾眼中是缺乏信用的，在中國，中共有許多理由可被廣泛痛恨。除了被痛恨外，中共廣為人知地連表面的信用都沒有。所以共產黨是如何能持續對其認作賤民的群

體發起迫害，並且使許多中國人民與其同一陣線呢？

　　儘管說中國是一個複雜多面的社會是個陳腔濫調的觀察，但這對於了解這個看來難以解釋的矛盾是具有重要性的：一方面人們普遍的輕蔑與懼怕中共。另一方面中共又反覆地在歷次宣傳運動中取得成功。

　　我相信，至少我們可以就此確認某些造成這些難解矛盾的因素。首先，像所有法西斯國家一樣，中國從其技巧地鼓吹愛國主義與民族主義中獲得巨大利益。不論對內還是對外，創造對國家虛構的威脅是其屢試不爽的手段。歷史上，中國受到西方強權帝國主義侵略，致使對西方勢力出現了傾向精神分裂的態度。中共成功的操弄中國人受創的自尊──源自19~20世紀帝國主義侵略者造成的一種受害者情結的遺毒。

　　憎恨中共的中國人卻通常性的集結在其領導者的背後，支持反美示威或針對圖博、臺灣，以及在中國東海、南海的島嶼領土聲明。

　　同樣的，在其國內議題方面，我知道許多經常嘲笑共產黨習慣性說謊之徒，卻在特定議題上毫不猶疑的站在中共這一邊。

　　舉例而言，幾乎百分百的中國公民支持死刑。當我站

在無法避免無辜者枉死的論理基礎上反對死刑時，我總是遭到質疑。典型情況是，我被告知在中國受審的死刑犯沒有人是無辜的，因為中國警察絕不會檢控無罪之人。出此議論之人通常是對中共和整個中國系統最強烈的批評家！他們經常抨擊中共的可信度，然而中共對警察與法院實施微觀操控的事實，對他們而言似乎未曾發生過。

幾乎所有與我共事的律師都引述過「《人民日報》唯一真實的是日期」這則笑話，但我清楚的記得其中有這麼一位律師，我與他討論前述法輪功學員被指控殺害她自己兩個小孩的故事，當時，我對法輪功一無所知，我並沒有爭論這故事必然是虛構的，我只是單純的質疑為何我們得相信這事，因為是這種消息來源。

這場爭論因為這位律師說法輪功學員是「可怕的人」而引發，我問他為何如此確信，他以犯下雙重殺嬰罪的法輪功母親為例，我問他你如何知道是真的，真的發生過嗎？他回應他前晚才看到電視新聞報導，我提醒他是誰掌控中國中央電視臺，而他竟是經常要大家不要相信中共媒體的人，而現在他對我堅持主張法輪功是邪惡的，竟是在中共對又一個「人民公敵」發起一場大規模的群眾運動之際，而根據的是中共中央宣傳部審查過的電視節目。

我就南京餐廳下毒事件與中共的批評者和懷疑者有過相似的討論。同樣的，這位女士在閱讀報紙與看電視報導後憤怒地聲稱該名死刑犯曾是法輪功學員，因煉功而犯下罪行。

當五個法輪功學員意圖在天安門集體自焚，這個事件被鋪天蓋地在平面和電視媒體上報導，其效果可謂顯著。我當時觀察到大部分看到這個故事的中國人因此對法輪功產生反感。

即使我接受自焚的「事實」確實發生而且新聞報導是合法的。與我所見其他大部分反法輪功的故事不同，這個故事的新聞報導留下現場連續畫面，我也「親眼看到」了整起恐怖的事件，但它並未因此使我轉為反對法輪功，有幾個原因。但當時我未懷疑這起事件的真實性與媒體報導。直到幾年後，我有了機會檢視到令人信服的證據，其證明整起事件是北京警方自編自導的騙局。

所有知悉法輪功遭迫害的人們都知道發生了什麼。影像紀錄是真的，然而其所涵蓋的內容卻不是。這五名在身上澆灑汽油引火自焚的民眾顯然不是法輪功學員。這五名「抗議者」的身後都有手持滅火器的警察（滅火器在幾秒內就被使用），這五名人士看來身上包裹著的似乎是阻燃

材質的衣物。後來也發現最近的滅火器通常與天安門廣場中心相距甚遠。不可能十名警察能夠持滅火器及時趕到抗議地點進行撲滅，除非這場事件是有人策劃預謀的。

但我們當時並未想到這些。我並沒有爭論說該起事件是有人策劃的。我與中國律師以及其他人的爭論限縮在以下幾點觀察：其一，所有的組織與運動都會引來某些極端份子，我們不會因為美國某位失控的母親將五名子女溺死在浴缸，並聲稱「耶穌要我這麼做！」就譴責基督教。其二，這種行徑可能是遭到迫害而被逼到邊緣的人們感到絕望的反射；其三，類似在1960年代早期越南以及晚近西藏佛教僧侶的自焚，是被奉為偉大的英雄行為與自我犧牲。

我們從中國這場迫害，以及加速這場迫害的媒體運動中學到的第一課是：即使人們自稱已經學會不再相信任何國家所獨佔的媒體，在特定情況下仍然可能反覆地被同一媒體愚弄、操控。若「大謊言」重複而不中斷；若媒體是絕對壟斷的，被指控者便不可能在媒體上回應。如果愛國主義不斷地訴諸民族自尊，或者對外部或內部敵人的恐懼被充分利用，那麼即使老百姓自以為世故到不會被國家宣傳機器所唬弄，但事實上還是遭其反覆地欺騙。

西方人士必須嘗試去想像當出版品和媒體的資訊全部

遭到壟斷時對人民所造成的影響。民眾雖然產生普遍的懷疑諷刺，但當特定的議題或事件的資訊是以單一觀點呈現在他們面前時，他們仍容易反覆地被欺騙。這場對法輪功長達15年來的迫害在這一點上就是一個極典型的例子。

我們西方的媒體在許多方面也很腐敗。加拿大與美國某些的個人媒體機構呈現傾向特定的利益關係，其媒體報導也偏袒該特定利益。但沒有絕對的媒體壟斷，特別是沒有國家的壟斷，任何對名譽的誹謗通常能找到方式回應，並將反對觀點呈現給公眾。

我們從不應該低估任何廣受負評的宣傳機器的威力，尤其當它是所有資訊與意見的唯一管道時。無疑的，一定有鄰居知道那個被指控的母親不是法輪功學員，甚或她根本沒有殺害她的孩子。所有的法輪功學員都可能告知媒體採訪者，法輪功的教導中禁止任何種類的殺生。無疑地南京一定有人可以提供證據顯示那位投毒者根本不是法輪功學員。法輪功學員可以輕易指出沒有任何學員會採取天安門廣場那些自焚者的盤坐方式。

但人們要如何指出這些事情？人們要如何向公眾提出不同的理論？他們毫無管道，他們無法寫信給出版社編輯；他們無法寫意見到報紙的公眾評論版面；他們無法在

電視新聞節目中受訪，他們甚至不能在公開場合持標語集會。而只有一種聲音被聽見。當對於任何議題的單一觀點令人作嘔地被一再重複、日復一日，並且沒有任何反對聲音被聽見，又得不到任何回應，那麼這些曾經勸告我們千萬別信任何中共媒體的人們也會不禁開始相信。

當法輪功學員被指控，他們沒有地方回應，不管被指控罪行或是被惡意中傷，法輪功學員的回應從未呈現在中國公眾面前。

更甚，在迫害的早些年，民眾們並非被動地接納吸收中共對法輪功的仇恨運動。當時許多媒體報導大眾集體揭批法輪功並公開非難學員，令人想起早期的反地主運動、反右派運動，以及文化大革命，反孔教與反林彪的運動。這些運動都是中共用來促使當時那些消極的讀者、聽眾轉變成仇恨運動的積極參與者。

實際的具體參與迫害在心理學上似乎非常有效。因為參與者成了共犯，這將使他們更進一步的獻身於犯罪。在文化大革命期間，妻子參與對丈夫的公開批鬥與毆打並不罕見，為了展示她們的政治純潔以及對運動的忠誠。在法輪功遭迫害期間，實際參與迫害者在某程度上保護自身不成為運動的攻擊目標。

公眾的斥責與警察的恣意毆打、沒收財產與銀行帳戶、雇主被迫解雇任何被確認為法輪功學員的員工、對法輪功學員例行性的任意「行政」拘留與監禁，這些都在強化將法輪功學員「不當作是人」的默認，無須給予其對人類在正常情況下應有的基本尊重。以上種種導致中國公安、武警、醫療人員、監獄警衛願意犯下殺人、酷刑，以及自猶太人大屠殺後最嚴重的反人類罪行。我指的當然是大規模的殺害器官供體庫中健康的人們，「按需」屠殺後，國家出售他們的器官牟取龐大的利益。

我們必須記得所有中國人從未被告知中共對法輪功學員所犯下的殘酷罪行，如同納粹從未公開承認死亡集中營。對法輪功學員與猶太人的非人化、妖魔化的行動，兩者整體上並未牽扯一般民眾，它比較像是去麻木那些被徵召來實際參與殘忍罪行的國家公務人員。當加害人將那些垂死的被害人合理化為「不過是猶太人」或者「不過是邪教徒」時，對於被害者的尖叫聲自然充耳不聞。

讓醫療專業人員加入迫害行列，或許是對法輪功學員進行非人化運動取得成功的範例。在今日中國與納粹德國之外，誰能想像醫療專業人員竟願意參與對健康人民的常態謀殺？這些無辜人民連一個所謂的中國「法庭」都沒

審過，遑論真正的法庭？在1930年代的德國與今日中國之外，又有誰能想像「謀殺委員會」竟然結合了器官移植醫院的醫生以及中國刑事「法庭」的「法官」，他們分工合作來殺害合適的「供體」，以取得新鮮的器官提供給有錢的顧客？但這卻是在今日中國醫療體系的真實情形。倘若中共沒將法輪功追隨者予以非人化，這一切可能成立嗎？實在令人懷疑。

任何熟知中國之人均可證實，它不是個「法治」的國家。法律是當權者說了算。法輪功被定為「邪教」，並得對其「起訴」是透過江澤民個人的簡單指令。然而，在中國刑事法典上從來沒有任何章節可以適用於法輪功。就算真有處罰規定，「法院」也從未解釋過法律以及調查過證據。當權的寡頭統治者只是簡單地宣布所有法輪功學員有罪並進行迫害。

當然，正在進行中的大規模地為掠奪器官而謀殺的暴行，使得偽裝中國是一個法治國家變得荒誕可笑。中共雖然在1979年後努力建置表面上有誠意的法律體制，如同納粹在第三帝國時期所為。這對於極權國家的壓迫者而言，能夠指出明確的法律系統並聲稱他們的行為有法律根據是非常重要的。

最常被用來揭露中國「法律系統」的詭詐之處，就是中國「法院」被中共禁止受理法輪功學員主張其憲法基本權利受到侵害的訴訟，並且所有中國律師亦被禁止代理任何法輪功學員的訴訟。

「中國是一個法治國家，以及中國的『法院』是獨立的」此一公然的錯誤陳述，用以培植外國對中國的尊重已成為一個極重要的工具。這個工具被中共自己，還有那些強烈親共的西方政府內的婢僕廣泛的運用。

兩位前加拿大總理，都是應該為中國最嚴重的人權侵害負責的中共領導人的密友，他們例行的、錯誤的向加拿大民眾鼓吹中國已開展「法律改革」。在迫害開始的第三年，讓‧克雷蒂安（Jean Chretien）（譯按：加拿大第20任總理）與江澤民比肩而立，還吹捧「……在江澤民領導下近十年來人權方面大幅進步。」他的接班人保羅‧馬丁（Paul Edgar Philippe Martin）（譯按：加拿大第21任總理）雖然沒做的這麼荒謬，仍然持續的稱頌中國在人權上宣稱的進步以及實施法治的承諾。而基本真相無論在理論上或者實務上都未被提及，包括中共凌駕法律之上並全面操控法律系統的所有部門，包含警察、檢察官、「法院」，以及法律的解釋權。

中國要一個被中共控制的「法律」系統，或者是有一個真正的法治。這兩者在概念上是不可能並存的。

只要中共維持一個真實的法律系統的外在形式與結構，它就能讓克雷蒂安與馬丁之類的西方人士忽略法律系統的實質，並且繼續對他們的國民進行虛假不實的陳述，宣稱「中國已經在法治上有的穩定進步」。

只要中共仍掌握權力，實難想像迫害與強摘器官會很快結束。為使這個目的實現，必須使中國人與全世界的人們充分知悉這些罪行的存在。

壓制眞相 邪惡之根

張錦華

　　美國前總統林肯說：「讓人們知道事實，國家就會安全」，這句話被刻在美國新聞博物館上（Newseum）。然而，壓制言論自由和真實報導的中共極權體制，不但嚴控中國大陸的喉舌媒體，更已將壓制言論的黑手伸向自由社會。沒有自由就沒有真相，沒有真相更沒有自由！良知被遮蔽、人性被扭曲，邪惡因此而擴大，實為人類社會的最深不幸。

　　讓我們從一個在臺灣發生的實例開始。

一、自由媒體變成宣傳工具？

　　2010年8月，臺灣法輪功律師團向台灣高等法院檢察署提出有史以來第一樁控告來臺的省長級中共官員，刑事告訴的對象是率團來臺的中國廣東省長黃華華，原因是他違

犯「殘害人群罪」及「民權公約」規定，並要求其停止迫害法輪功。因為廣東是鎮壓法輪功的最嚴重省份之一，手段殘酷，被迫害至死的學員人數，在當時經證實的已高達75人，致傷致殘者無計其數。黃華華被控自從擔任廣州市委書記期間開始，即多次親自指揮、命令、操控，部署迫害。甚至還有一位臺灣學員回大陸省親時也曾遭到無理拘留。[1]

臺灣一向宣稱「人權立國」，也在2009年通過聯合國兩公約《公民與政治權利國際公約及經濟社會文化權利國際公約施行法》的施行法，對於這樣一個令人髮指的人權迫害事件的控訴，又是臺灣提告來臺中共官員的首例，理應受到媒體的重視。但是在臺灣四大報中，有三個報紙幾乎都沒有報導！所有的主要商業電視媒體也都幾乎沒有報導！相反的，這些迴避中共人權迫害事實的媒體卻以斗大的標題，報導「首富省長」來台採購數十億美元、四處「會鄉親／啟動萬人遊台」等，字裡行間對於各項金權利益，盡是想望和欣喜[2]，卻對中國大陸專制獨裁、貧富懸殊、貪腐橫行、人倫道德敗壞視而不見。

其實，這並不是特殊個案，長期以來，臺灣媒體乃至自由社會媒體，對於中國殘暴迫害法輪功的事件，報導數

量不但極為零星而稀少，少數報導也常扭曲不實，甚至有些已淪為中共輸出謊言和誣蔑的傳聲筒。

媒體為何不再報導法輪功真相？為什麼自由社會的媒體不再自由？紅色中國是以什麼方式迫使自由社會的媒體屈服、自我設限？它對人類社會的影響究竟為何？改變的契機何在？以下先從中共控制自由社會媒體的方式談起。

二、自由媒體遭到鎖喉：中共控制海外媒體的四大路徑

1、媒體所有權遭收購，媒體功能淪喉舌

臺灣的旺旺媒體集團是一個明顯的例子。2008年中國時報集團由於媒體競爭益烈、網路媒體發展迅速和本身經營不善等因素下，急欲脫手。來自中國大陸的臺商蔡衍明遂以高價收購；他原是知名的旺旺食品經營者，企業版圖也擴及房地產、保險、金融服務、飯店經營、醫院等產業；但其產業90%的營利來自大陸市場[3]，其財富在近幾年常被富比士雜誌（Forbes）列名臺灣首富，也是中國外來首富之一。然而，英國《經濟學人》在2013年4月報導一份資料顯示，中國政府透過補貼來扶植國營企業及特定民營企業，中國旺旺控股有限公司亦赫然在列。報導指稱，中國政府對該公司補貼高達其2011年淨利的11.3% 。由此顯見旺

旺集團的獲利與中國官方支持的關係密切。

「報告主任,我們買了《中時》」,臺灣《天下雜誌》在2009年2月刊出專題報導,引用旺中集團內部刊物指出,蔡衍明以204億天價買下中時集團的一個月後,就出現在中國國台辦主任王毅的辦公室,報告交易結果。蔡指稱收購媒體是希望「借助媒體的力量,來推動兩岸關係進一步發展」,並表示「我們都有依照『上面的』指示,好好報導祖國的繁榮」;王毅則當場表態說:「如果集團將來有需要,國台辦定會全力支持。」[4]

以上引述證明受到中共照顧的大企業以高價入主媒體,其背後並不僅是商業目的,同時也將媒體當作政商利益工具,學界稱其為「侍從」媒體。其實這不僅在臺灣發生,香港以及海外華人媒體所有權或股權近年來都遭到類似「侍從」商人逐漸收購。自由民主社會中的媒體角色和功能強調客觀、中立、報導事實、維護公益並擔任「第四權」,但是「侍從」媒體,雖並非直屬於中共黨政管制,但卻以服務中共政治利益、報導「祖國繁榮」的喉舌自居。[5]

2、掌控新聞產製:人事、編採、及內容轉向

掌控所有權的下一步,就是對於媒體編採和人事的掌

控。2012年2月美國知名的普立茲得獎記者Andrew Higgins 訪問旺旺集團蔡衍明，揭露旺旺媒體迎合中國立場、調動媒體人事、控制編採內容的現象。其主要報導內容是指蔡衍明針對六四和中國民主的發言與中國官方立場相同，例如「我認為並非真正有很多人（在六四事件中）死了」、「中國在很多地方已經很民主了」、「不管你喜歡不喜歡，統一只是遲早的事」、「我真的希望能看到（統一）」；他並承認當年換掉《中時》總編輯的理由因其「冒犯了人，不只大陸人，（而且）讓我受到傷害」。蔡並說：「記者有批評自由，但需要在下筆前三思……」。[6]

臺灣許多知識份子因此十分憤怒，發起了一波波抗議活動，批評其言論違反自由社會對六四事實的認知，也質疑旺旺集團排除異己、控制人事和侵害新聞自主權。當時剛遭到旺旺集團解僱的中國時報言論版主編在出席一場新聞專業的座談會時，直言該報言論版對於「六四事件、法輪功、九二共識、達賴喇嘛等議題都不能碰」，記者開始自我設限，「當心中的警總一旦形成，編輯自己就會篩選閃避。」[7]

事實上，甘做侍從的媒體顯然無視新聞專業，甚至明目張膽不惜違法。本文開始提及遭到臺灣法輪功團體刑事

告訴的中國廣東省長黃華華，他在2010年率團來臺採購訪問期間，包括旺旺媒體在內的臺灣多數主流媒體不但迴避法輪功提告的事實，反而還大幅報導其如何「熱愛」臺灣和展現「祖國」手足情誼，採購成果如何豐碩成功；以及廣東省如何高速發展、富裕繁榮和適合投資。新聞中沒有任何涉及廣東省負面問題，如嚴重的環境污染、受害臺商抗議、貪腐和人權迫害等，報導已完全淪為單面宣傳和攬客招商。這些「正面新聞」原來根本是「付費廣告」，或稱「新聞置入」。2011年11月臺灣監察院調查證實，而且違反的媒體不止一家。監察院的調查報告指責這種「新聞置入」的做法是出賣新聞、破壞專業、欺騙讀者、並且危害國安。[8]

　　從以上說明可見，中共控制言論自由已不僅限在中國，已開始伸向國際媒體，當然包括臺灣，從所有權併購到人事控制，接著限制編採自主、操縱新聞報導、甚至收買新聞，致使自由社會的新聞專業墮落敗壞，記者判斷真實以及為弱勢發聲的良知遭到壓制和扭曲，新聞內容即淪為廣告和謊言，臺灣的旺中媒體現象不過是具體而微的例子之一。

3、控制廣告和市場利益、威脅媒體噤聲

事實上，即使所有權結構並無更動，但中共藉由廣告和市場利誘威脅媒體的現象，也層出不窮，甚至成為市場慣例。例如，臺灣知名的三立電視臺談話節目主持人以敢言批評著稱，收視率甚高，但據傳遭到中國施壓而撤換；原因即為該臺的偶像劇很受歡迎，並企圖行銷大陸市場而被迫自我審查。以反共和支持香港民主化著稱的蘋果日報，即遭到越來越顯著的親中企業撤銷廣告；包括地產商和香港當地和國際主要銀行，甚至連帶影響其他類似廣告，所造成的損失已致使該報目前減少20% 的頁數，進一步帶來的收入銳減和言論空間的挑戰，將更形艱鉅。此外，香港一份立場相對溫和的免費報《am730》[9]，同樣因為批評香港政府而被至少三家中資銀行抽撤或減少廣告，亦嚴重打擊該報的收入來源。事實上藉由廣告鎖住媒體及異議者咽喉的手法早就存在，但顯然於今更烈，受影響的當然不僅是首當其衝的媒體，寒蟬效應更擴及幾乎所有媒體，於是，在生存利益面前出現自我審查、良知沉默、正義噤聲，這不但是媒體的悲哀，也是自由社會的悲哀。

4、文攻武嚇，暴力襲擊升高恐懼

中共專制權力對未能收編的自由社會的媒體或批評者，令人更駭然的手段，是輸出其暴力對付中國境內異議

者的暴力手段，延伸至海外敢言的媒體或媒體人。2014年的香港自由年報將「暴力襲擊記者危害新聞自由」列為第一章，指出近兩年來香港新聞工作者遇襲事件急劇上升，而且，暴力程度也升高，明顯是針對批判性傳媒，包括機構老闆。其中最嚴重者莫過於《明報》前總編輯劉進圖，在光天化日下遭凶手砍成重傷，震驚國際，引發數十個人權組織發出聲明表達嚴重關切。因為「兇徒暴行已不只是傳媒界事件，而是向全港的治安及法治挑戰」，更是「對香港新聞及言論自由的挑釁」。[10]

此外，香港近年針對異議傳媒的暴力事件頻發，壹傳媒集團主席黎智英住所大閘遭汽車撞毀；《蘋果日報》數萬份報紙在2013年6月遭人惡意燒毀；《明報》曾接獲爆炸郵包、《星島日報》和《東方日報》門市部遭刑事損壞；香港晨報傳媒集團高層在鬧市遭襲；《陽光時務》社長在雜誌社附近遭兩名蒙面兇徒用木棍襲擊。而法輪功學員辦的《大紀元時報》報社和工作人員更是不時遭到暴力侵擾。然而，絕大多數的傳媒工作者暴力案件都沒有破案。[11]

除了有形的肢體暴力外，隨著網路的普用，據報導中共已成立十萬人以上的網軍，針對大企業和政府機構網站進行打掛式或入侵式的攻擊，癱瘓網站或竊取內部資料和

隱私。近年來,更逐漸升高這種高科技犯罪。壹傳媒網站即在香港發動爭取普選的民間公民投票和大遊行前夕,遭到「國家級」的網路入侵,每秒可達四千萬次[12];同時,入侵式的竊取內部機構和人員資料,更已嚴重威脅個人和企業資訊安全。事實上,法輪功學員辦的新聞網站早已不斷遭到類似的攻擊。這種威脅和迫害異議者的網路暴力,也已引起包括美國在內的多個國家提升其警戒準備。

三、結論:從壓制新聞到迫害人性

中共透過政治和經濟利益,或是由親中商人掌控,以政商利益鎖喉;或甚至不惜暴力相向、製造恐懼,已影響大部份的自由民主社會的媒體。例如,首當其衝的香港媒體,其新聞自由受控的程度已到了「危城告急」的地步;其嚴重情況也反映在國際機構對香港新聞自由的評比上。自由之家(Freedom House)2014年發布的評比,香港年年倒退,在197國家中排名74,淪為「部份自由」國家。相較於2002年,香港當時排名18,尊為亞洲最自由的地區、國家之一;然而此後受制於回歸中國後的介入日深,逐年低落,竟已倒退超過50名!

而不斷進行「兩岸交流」的臺灣,新聞自由度也年年

下滑，「自由之家」（Freedom House）發布的2014年的全球新聞自由報告，臺灣排名為47名，比香港稍佳，目前仍屬「自由國家」。但2007年臺灣曾達32名，目前已倒退15名！該報告並明白警示，前述臺商大幅併購媒體的交易案已明顯影響臺灣新聞自由。

當代中國史學泰斗余英時教授，也是中央研究院院士，即曾親筆信函痛心指出：「台灣有一些有勢有錢的政客和商人，出於絕對自利的動機，已下定決心，迎合中共的意旨，對台灣進行無孔不入的滲透，公共媒體的收買不過是其中一個環節而已。」[13]公開直指2012年至2013年這些媒體併購案背後的中共統戰和言論控制的負面影響。

由本文所舉的各項實例可知，中國紅色極權控制對內壓制自由和良知，同時也不斷輸出海外，已嚴重侵蝕新聞專業在自由社會的價值。新聞媒體的天職是挖掘真相、報導真實、監督權力、維護公共利益。它是每個人生存的資訊依據，從食衣住行的安全健康，到公民政治權利的維護和行使，都有賴於真實而完整的自由資訊、暢通的管道和多元的發聲。同時，自由的資訊也是民主社會的運作基礎，只有自由多元的表達自由，才能監督權力的行使、揭露貪腐濫權的弊端，維護人民的權益和促進制度的健全。

自由而真實的資訊更關乎國際社會的秩序與和平，目前國際間指控中共操縱滙率、擴張軍事、帝國殖民剝削式的外交、掠奪礦產資源、盜版山寨遍地、奴工血汗工廠輸出、甚至有毒食品玩具用品行銷全球等問題，許多人民和國家已付出健康或生命的高額代價，但是在其封鎖資訊或糖衣宣傳下，卻無從改正，大多數人民甚至不得而知。

四川汶川地震中倒塌的豆腐渣工程壓死無法計數的孩童、毒奶粉造成的嬰幼兒健康和生命的剝奪、污染的土地、空氣、水質和黑心食品對每個人健康的危害，殘忍濫權的迫害法輪功和各種信仰及異議人士，甚至踐踏良知和醫學倫理的活摘器官、販賣牟利、焚屍滅跡，種種災禍和暴行的背後，都隱藏著專制顢頇的制度、濫權腐敗的官員，勾結司法、控制媒體，問題叢生。但是遭到封鎖噤聲的真實報導之後，父母無從保護孩子、師長無從保護學生、公民無從維護環境和社會安全，更不用談下一代的生存和福利。喉舌媒體歌頌黨國「偉、光、正」的洗腦內容，甚至讓許多無法接收外在資訊的人民跟隨黨國宣傳，淪為誣蔑善良、迫害人權的共犯。

極權體制更深層的問題是，暴力政權祭出各種利益威脅下，迫使人們背棄良知，屈從邪惡；為了自保，甚至更

主動成為暴力的共犯。美國華府大屠殺博物館（Genocide Museum）的主題之一，是要大家反思：「有些迫害者就是鄰居」（Some were neighbors)，在謊言以及暴力威脅下，原來的好朋友、好鄰居、或是好同學，卻成為迫害的幫凶，從天使變成魔鬼。因此，這不僅是對新聞專業的迫害，更是對人性最邪惡的扭曲。

法輪功的人權問題即為顯例，在中國利誘威脅下的媒體或是跟隨中共官媒起舞，或是噤聲不語；即使像面臨前述廣東省長遭控的重大新聞事件，竟選擇沉默；更荒謬的是，某些媒體不惜違法變賣新聞，踐踏新聞價值，將一個涉及違犯反人類罪行的嫌犯塑造為一個「親民愛民的好官」！一般民眾難以分辨，因而可能淪為迫害者的擁護者！而這些選擇報導謊言的新聞媒體和工作者，不但背叛了他們的專業良知，更已經淪為迫害者的共犯！沒有真相，沒有自由，也就沒有良知的判斷，因此，中國專制政權對於新聞的控制和壓制，受害者絕不僅是當事人，而是廣及於所有人。

雖然「中國因素」透過各種利益交換，侵蝕新聞專業和民主社會的根基，但是，自由社會仍有許多了解真相的人，因為珍惜自由及良知而奮起揭露和抵抗。以臺灣的旺

中媒體併購為例，不但先有學界師生和公民團體的大量集結，透過網路媒體的無遠弗屆，更形成波瀾壯濶的媒改運動，大量人民自發的走上街頭，終於喚起中華民國政府對於媒體多元環境和併購案審查的重視，除了以嚴格的條件通過旺中併購案，立法院並著手修訂反媒體壟斷法；同時，壹傳媒併購案的業者終因民間反對聲浪高漲而自行撤案。[14]這實為自由公民良善力量的初步勝利。

在法輪功學員十餘年來不斷向世人講清真相的過程中，我們更見證了堅持良知和正義力量的偉大和可貴，在一次又一次的傳送真相資料的過程中，無論在街頭、在國會、在法庭、在媒體，人們因為知道真相而得以分辨是非；在一次又一次的營救受迫害學員的活動中，人們因為知道真相而得以勇於挺身而出，並採取行動、幫助別人、改變世界。

知名的民意學者李普曼（Walter Lippmann)曾說過，「沒有事實，沒有自由」。美國前總統林肯也曾言：「讓人們知道事實，國家就會安全」，這句話也被刻在美國新聞博物館。無論專制極權如何壓制自由和事實，無論媒體機構如何遭到控制和威脅，抑制邪惡的方式其實很簡單，只要每個人付出一點點努力，從善良而勇敢的人們提供的

資料中了解真相，真相就不會完全被封鎖，真實和正義的
力量就會擴大，邪惡必然將失根而崩潰。

[1] 鍾元 (20100817)〈法輪功當面要求高檢緊急拘提黃華華〉。
    Retrieved 20150225 http://www.epochtimes.com.tw/10/8/17/145680.htm
[2] 張錦華 (20100831)〈一個台灣 兩個世界：從黃華華的報導談起〉。
    Retrieved 20150224 http://www.epochtimes.com.tw/10/8/31/146676.htm
[3] 立法院（2011.10.31）〈第 7 屆第 8 會期交通委員會第 9 次全體委
    員會議紀錄〉。《立法院公報》，第 100 卷第 74 期。
[4] 林倖妃（2009.02.25）〈報告主任，我們買了《中時》〉。《天下
    雜誌》，第416期。
[5] 戴瑜慧 (2013)〈中共「文化走出去」政策的新推手：中國私營資本
    家與海外媒體收購〉。《中華傳播學刊》，(24), 3－41。
[6] 引自張錦華 (2013)〈比較美國2003年反鬆綁媒改運動和臺灣2012年
    反媒體壟斷運動的異同〉。《傳播研究與實踐》，3(2), 1-37。
[7] 徐珮君（2012.05.07）〈學者轟旺中「言論自由即報老闆的自
    由」〉。《蘋果日報》。
[8] 張錦華(2012)〈從van Dijk操控論述觀點分析中國大陸省市採購團
    的新聞置入及報導框架：以台灣四家報紙為例〉。《中華傳播學
    刊》，(20), 65-93。
[9] 李真(20131122)〈名嘴遭調職 港言論空間被限縮〉。 Retrieved
    20150225 http://www.epochtimes.com.tw/n76215.html
[10] 庫斯克(20140226)〈他們斬的不只是劉進圖，而是所有香港人〉。
    Retrieved 20150225 Retrieved 20150226 http://goo.gl/RKlVFk
[11] 草魚禾 (20140804)〈免於恐懼的自由 香港新聞自由的嚴
    冬〉。

[12] 葉一堅 (20140623)〈台灣人，你們也很了不起〉。《蘋果日報》。

[13] 劉力仁（2012.05.05）〈余英時籲台灣人：不要有恐共症〉。《自由時報》。

[14] 張錦華 (2013)〈比較美國2003年反鬆綁媒改運動和臺灣2012年反媒體壟斷運動的異同〉。《傳播研究與實踐》, 3(2), 1-37。

政治、社會、經濟

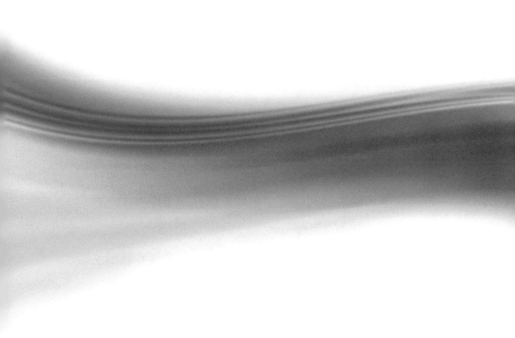

法輪功不是邪教

大衛·喬高

八年前，大衛·麥塔斯與我義務加入喚起人們關注中國掠奪法輪功學員器官的國際運動。中共對法輪功的迫害始於1999年中期，但我們身為獨立調查員，並未找到在2001年以前對法輪功學員器官進行商業交易的證據。「麥塔斯與喬高的調查報告」的修訂版，共有20種語言版本，可以從以下網站下載（見www.david-kilgour.com或www.organharvestinvestigation.net）。

有一次，我們的代表團抵達一個中歐國家的國會，預定與一個跨黨派國會議員團體會面，卻發現當地受託邀請其他議員的國會議員，在最後一刻決定取消。他告訴我們的理由是，他所屬的國會小組是以信仰為基礎，而法輪功不同於他所信仰的宗教。

自從我們的報告2006年發布以來，麥塔斯和我為法輪

功學員器官議題分別或一同訪問了近50個國家，我們未曾聽過哪一國法輪功學員對其他精神修練群體有過任何負面說法。而且，有哪一個宗教信仰，不重視、不認同法輪功的核心原則「真、善、忍」呢？自從1999年中以來，面對遍布中國各地無數的毆打、監禁、酷刑及謀殺，法輪功修煉者們幾乎毫無例外的展現出平和與非暴力，令任何對此有所了解的人們印象深刻。

20世紀無疑是有史以來政府對待信仰群體最殘暴的世紀。在1900年到2000年間，世界各國因信仰而非自然死亡者，一個可能高估的數據，驚人的高達1.69億人，其中包括7,000萬穆斯林、3,500萬基督徒、1,100萬印度教徒、900萬猶太人、400萬佛教徒、200萬錫克教徒、100萬巴哈教徒。

許多人死於宗教內部或是宗教間的暴力，但大多數是死於憎惡所有宗教的獨裁政權之手，主要因為信仰者對信仰有著深層次的忠誠，遠高於對其他諸如地方或國家的專制者。毛澤東、史達林、希特勒、波爾布特等人，大規模犯下被我們今日稱之為「反人類罪」的罪行，謀殺了無數的、數以千萬計擁有精神信仰的同胞。北京極權當局針對所有宗教信仰的敵意，是迫害法輪功學員的主要理由，也正是中國各地的法輪功學員至今仍持續面對的。

不列顛哥倫比亞省的克萊夫‧安世立律師曾在上海執業13年，並擔任法輪功迫害真相調查團北美分團主席，最近指出：

有10萬到20萬法輪功學員已在中國的手術臺上遭到謀殺。他們的器官被盜取並出售牟利。但各地幾乎對此都沒有發聲。我們在許多報紙及媒體上看到一連串關於達佛（Darfur）、緬甸及西藏的報導。因為中共在達佛間接實施了種族群體滅絕，米亞‧法羅對她所稱的「種族滅絕奧運」抗議；但她卻從未提及中共自1999年以來日復一日、系統性直接實施的群體滅絕。在討論中共在達佛或西藏的暴行時，我從未看過有任何引述對法輪功的群體滅絕。

媒體系統性的忽視這個自猶太人大屠殺以來，舉世所見過最野蠻的暴行。在過去的15年，這一近代史上最野蠻的反人類罪行，每天都在中國發生著。但這卻在我們的媒體以及大部分北美的政治家中激起了絕對的震耳欲聾的沉默。這完全是猶太大屠殺的重演，但卻多了一個令人震驚的新面向。

中共迫害法輪功的第二個理由，是法輪功創始人李大師自1992年以來在民間向公眾介紹法輪功後，在中國各地受到巨大歡迎。這顯著的成長，部分是因為法輪功深植於儒、釋、道思想，以及在中華傳統文化中功法鍛鍊及精神層面的卓越特點。這些中華傳統文化的特點，被毛澤東從1949年持續鎮壓到1976年毛死亡。在1999年以前，根據共產黨自己的估計，全中國有超過七千萬法輪功修煉者，人數已超過中國共產黨員。

對江澤民及其他黨官而言，一個相關的負面因素是法輪功缺乏階級及組織，這使得江及共產黨不可能對法輪功學員及其活動進行控制。

這些因素有助於解釋為什麼黨國首領江澤民在1999年甚至更早，就對法輪功產生非理性的憎恨。

邪教？

江澤民的「最大謊言」就是說「法輪功是邪教」，這讓人聯想到盧旺達政府在發動1994年4月至6月的全國性群體滅絕之前，透過黨媒所傳播反對少數族群圖西族的訊息。俄羅斯的布爾什維克派在1917年共產主義十月革命後，針對其自己所羅列的「黨的敵人」清單，也採取了類

似作法。希特勒的納粹黨在1933年以後，也用它來對付不同的少數族裔，尤其是德國的猶太人。

這樣一批由黨控制的官媒，自1999年起在全中國各地未曾間斷的進行反法輪功的毒害宣傳，導致許多中國公民及外國人竟然天真地接受了黨國對法輪功及其他事情的謊言。

《華爾街日報》前北京分社社長伊恩·約翰遜（Ian Johnson），以其對法輪功的報導獲得了2001年普立茲新聞獎，在他2005年出版的《野草》一書中（臺灣中文版為《野草：苛稅、胡同和法輪功——底層中國的緩慢革命》，Wild Grass: Three Portraits of Change in Modern China），揭開了許多黨國迫害法輪功的內幕：

- 「宣布法輪功為邪教是中共政權最聰明的舉動之一，因為它置法輪功於守勢、需辯護其清白，並以西方反邪教運動的合法性來掩蓋當局的鎮壓。政府迅速的拾起反邪教運動的詞彙，推出網站，一夕之間拱出專家宣稱法輪功創始人李大師與人民聖殿教的Jim Jones或山達基教會沒有不同。Jim Jones被指稱在1978年殺害了912名教徒，山達基的成員則聲稱遭到洗腦而奉獻鉅額金錢。」「為證明其論點，中

共政府提出一系列聳人聽聞的故事，諸如人們剖開
自己的肚子尋找被認為在肚子裡面旋轉的法輪。另
一些被呈現的是，他們的親屬以煉法輪功替代吃藥
之後死亡⋯⋯。」

- 問題是，這些說法是不被支持的。中共當局從不允
  許法輪功受害者單獨受訪，以致於幾乎不可能查證
  當局的這些指控。即使一個人從表面上去相信當局
  的所有指控，他們杜撰的案例數量也僅佔法輪功修
  煉者總數中的極小比例⋯⋯。

- 「更根本的是，這團體根本不符合對邪教的許多共
  同定義：其學員與修煉群體外的人結婚、有群體外
  的朋友、有正常的工作職業、不離群獨居、不相信
  世界末日逼近，沒有給組織大量的錢。最重要的
  是，自殺、肢體暴力都是不被其接受的。」

作為一名前任檢察官，我在2004年6月11日於加拿大
亞伯達大學一場國際研討會上曾談到邪教的危害以及新興
宗教運動，全文可在我的網站下載（david-kilgour.com/mp/
cultsandnewreligions.htm）。

這場研討會是在埃德蒙頓市的亞伯達大學學生宿舍的

李斯特廳（Lister Hall）舉行。就在會場上，中共駐加拿大卡爾加里領事館兩名工作人員散發攻擊法輪功的宣傳小冊，這行為違反了加拿大《刑法》關於針對可特定的宗教或文化團體進行「煽動仇恨（inciting hatred）」的規定。兩位埃德蒙頓市的警官依據該宣傳小冊的內容判定發送的這些「外交人員」應被起訴。但當時的省總檢察長拒絕發給起訴許可。這裡涉及外交豁免權的問題，但依我當時的判斷，總檢察長理應給予許可。此事件更多的細節，收錄在我們的報告書第21節（「煽動仇恨」）中，警方所提供的事件報告在附件30中。

蒙特婁大學教授大衛歐比（David Ownby）對法輪功有詳細研究，並且曾被我們的調查報告引述，他的結論是：

- 北美洲的法輪功修煉者，受過良好教育，傾向核心家庭生活。許多人從事電腦相關工作或金融業；有一些是工程師。
- 法輪功修煉者對他們的信仰團體沒有任何財務上的義務，同時，他們不離群索居，並且守法。
- 法輪功不是邪教。

歐比的結論與許多獨立觀察家一致，包括大衛・麥塔

斯與我。在當前法輪功學員遍及大約115國家中，只有在一個地方：中國（以及也許普丁執政下的俄羅斯），法輪功學員似乎不被認為是好公民、公民社會的模範成員。

自由不可分割

一位中國宗教迫害議題的研究者幾年前提出，中國各地每週參與禮拜的基督徒，大多數是祕密地參與，跟全歐洲公開參與禮拜的人數一樣多。為法輪功這樣的年輕精神群體，主張基於《聯合國世界人權宣言》原則，前面所提到的短視的國會議員終將普遍地捍衛在中國的信仰自由。儘管所謂的「愛國教會」以外的人們往往沒有實踐自己信仰的權利，但中國的憲法明定「公民有宗教信仰自由」（第36條）。

中國的黨國，依據卡爾馬克思的辯證唯物主義，將所有的信仰群體都視為離經叛道。今天，在Google.ca搜尋引擎鍵入「中國政府迫害基督徒」關鍵字搜尋，可得到總共197萬筆結果，多數內容令人震驚。若將「基督徒」這一關鍵字替換為其他團體，你會得到：

- 外國人　14,800,000項（1,480萬）
- 穆斯林　3,180,000（318萬）

- 民主黨人　43,400,000（4,340萬）

- 女性　6,440,000（644萬）

- 法輪功　290,000（29萬）

- 西藏人　441,000（44.1萬）

- 同性戀者　1,660,000（166萬）

- 維吾爾族人　4,210,000（421萬）

- 記者　大約37,000,000（3,700萬）

- 律師　2,820,000（282萬）

- 投資者　32,600,000（3,260萬）

- 外國投資者　39,200,000（3,920萬）

- 企業家　61,000,000（6,100萬）

大多數法輪功良心犯都處於勞教所惡劣環境下，製作種類廣泛的商品用於出口，其中包括聖誕節飾品，這違反了世界貿易組織（WTO）的規定。

Google搜尋「中國政府貪腐」關鍵字，你會得到3,690萬筆結果。搜尋「中國政府秘密處決」會得到846萬筆。另一引起我注意的是，以「中國政府否認」當關鍵字，可搜尋到414萬筆結果。北京政權精於造假否認，包括諸如2003年中國是否發生SARS疫情、究竟1989年6月天安門廣場上有沒有死過人、究竟有沒有法輪功學員的器官遭到掠奪及

盜賣。

結論

　　人類尊嚴今天在全世界是不可分割的。所有的信仰群體與各地公民社會的其他成員應當在像全中國法輪功學員長久以來每天被迫面對的議題上團結起來。若全世界開放社會中的人們不在這些議題上團結起來，世界上一些僅存的獨裁政權將只會重演上一世紀可怕的蹂躪劫掠。

　　如上所述，有一點是清晰無可置疑的，那就是法輪功的修煉者更願意被稱為包含靜坐的煉功團體，而非宗教，更非邪教。

法輪功對中國政治的影響

袁紅冰

一、法輪功主觀上不搞政治

熟視無睹於中共暴政對法輪功的鎮壓，海內外一些自命清高的知識份子至今仍保持著沉默，他們為自己的沉默辯護時，最喜歡說的一句話是：「我們不參與政治」；「對於共產黨和法輪功我們不偏不倚，因為，他們都搞政治。」

中國駐澳大利亞大使館曾發表一份聲明。聲明中指控《九評共產黨》是「反華文章」，指控法輪功是「反華的政治性反動組織」。但是，這種指控是對事實真相的侮辱。

從毛澤東時代的「政治掛帥」，到江澤民時代的「講政治」，都在以國家恐怖主義的名義告訴中國人，搞政治是共產黨才能擁有的特權。共產黨的歷史一直在向人們證

明：政治就意味著通過一次又一次思想整肅和政治迫害，來摧殘人性，毀滅文化，虐殺人命，毒害良知，剝奪人權；共產黨已經使政治變成了一個充滿血腥、陰謀、獸性的領域——政治就是罪惡。在這個意義上，中國普通民眾，當然也包括法輪功學員在內，都被剝奪了「搞政治」的權利。因為，政治乃是共產黨的特權，就像罪惡是共產黨的特權一樣。

自1999年7月起，江澤民和共產黨官僚集團，運用他們通過獨裁權力攫取的政治資源和社會資源，為滅絕法輪功的信仰，展開了血腥的政治大迫害。江澤民在這場政治大迫害中所犯下的信仰滅絕罪和群體滅絕罪，天人共憤，其罪惡的嚴重程度，只有毛澤東、希特勒、史達林、波爾布特、鄧小平等少數幾個獨裁者可以相比。

面對狂濤怒潮、山崩地裂般的政治大迫害，面對獸性的侮辱、逮捕、酷刑、虐殺和無恥的造謠中傷，法輪功學員意志如鐵，頑強地堅守自己的信念。他們以和平方式對暴政的抗爭，已經成為信念勝於強權的典範；他們不停地向世界講述暴政的罪惡，就是在播撒信仰自由的種子。

近年來，法輪功的宣示和行為表明，他們不僅在維護自己的信仰自由的權利，而且也在為其他受到暴政摧殘的群體，爭取基本人權。歷史已經記住，在所謂江澤民時代後期，法輪功學員群體是中國維護人權，抗爭暴政的中流砥柱。歷史或許還

會記住更多。

　　中共官僚集團把法輪功學員以和平方式抗暴維權的行為指斥為「搞政治」。請問，難道對江澤民犯下的群體滅絕罪、信仰滅絕罪視而不見，聽而不聞，才叫「不搞政治」嗎？難道任由中共暴政肆意踐踏人權、殘害民眾，而不敢發出一聲呻吟，才叫「不搞政治」嗎？難道面對中共宣傳機器為掩蓋罪惡而偽造的謊言，不敢講出真相，才叫「不搞政治」嗎？難道中國人都要如天生的賤民、奴隸一般，默默地接受中共暴政的欺壓凌辱，才能擺脫「搞政治」的指控嗎？

　　天理昭昭，天理昭昭！孰是孰非，還需要回答嗎？

　　法輪功不是政治組織，而是修煉團體；法輪功沒有搞政治。理由在於，迄今為止，法輪功學員的理念和實踐表明：他們對國家權力沒有興趣，他們只是將中共暴政的邪惡告訴人類；他們對國家權力沒有興趣，他們只是爭取一片容納他們信仰自由的社會空間。

　　當聽到某些自命清高的知識份子表白說：「我們不搞政治。在共產黨和法輪功之間，我們不反對誰，也不支持誰」——當我聽到這種表白，總會感到無地自容的羞愧，為知識份子的墮落而羞愧。因為，這種表白只是偽善，而

偽善下面掩蓋的是自己內心的懦弱、奴性、自私，以及缺乏為正義申辯的勇氣和俠義精神。請問這些自命清高者，當你看到一群暴徒正以獸性的方式摧殘弱小的無辜者時，你是否也可以說：「我們誰也不反對，誰也不支持。因為，我們清高。」

在此，我願對不認同，或者反對法輪功理念的知識界人士進一言──讓我們共同回顧伏爾泰那句值得流傳千古的名言：「我不同意你的觀點，但是，我誓死捍衛你表達自己觀點的權利」。如果我們實踐了這句話所蘊涵的理念，我們將得到歷史的尊重。請不要忘記，當我們進入暮年時，我們的子孫或許會直視著我們的眼睛問：「在那一場殘酷的政治大迫害過程中，你都做了什麼──你難道只保持了可恥的沉默嗎？」

中國大使館的聲明把《九評共產黨》稱為「反華文章」，把法輪功稱為「反華組織」。共產黨把自己等同於中華民族，這更是無恥至極。且不論任何一個政治組織，都沒有資格與承載著五千年文明的中華民族並列，只就共產黨對中華民族的背叛和殘害而言，它便是只配跪在華夏祖先的靈位前叩首謝罪的千古罪人。

在將源遠流長的中華文化之魂，出賣給以仇恨和暴力

為原則的德國理論——馬克思主義之後，在中共暴政的愚蠢和暴虐使數千萬農民餓死之後；在殘害虐殺了幾百萬知識份子之後；在將數百萬堅守自己信仰的藏人摧殘致死之後；在指使波爾布特殺死數百萬柬埔寨人——其中包括大量華裔之後；在迫使數億農民半個多世紀裏一直處於三等公民的困境中之後；在製造了近億農民工和下崗工人的窮困無助之後；在導演了連綿不斷的社會悲劇和人性災難之後；在培養出一個從墮落和厚顏無恥雙重意義上，都堪稱空前絕後的貪官汙吏群體之後；在把社會財富，出賣給腐敗的權力、骯髒的金錢，和墮落的知識結成的黑幫同盟之後——在做了所有這一切之後，在如此深刻地傷害了中華民族之後，共產黨還敢把自己等同於中華民族，這難道不是無恥至極嗎？

　　歷史和現實都已經勝於雄辯地證明：共產黨，特別是共產黨官僚集團，乃是中國的恥辱，乃是中華民族的千古罪人，乃是萬惡之源。勇敢地揭露中共暴政的罪惡，才是對中華民族最深摯的愛；終結中共暴政用以犯罪的政治權力，才能拯救中華民族；埋葬中共暴政，才能洗刷中國在共產黨政治邏輯下蒙受的百年恥辱。

　　千年易過，共產黨政治權力的罪孽難消。

二、法輪功運動客觀上對中國政治的影響

法輪功沒有搞政治的主觀願望，但是，法輪功精神修煉者的反迫害抗爭，在客觀上卻對中國政治產生了重要影響。影響主要表現為下述各項。

（一）成為引領中國歷史走出國家恐怖主義陰影的因素之一。

（二）中共維持極權統治的最重要的方法，便是利用國家暴力，造成人民的普遍恐懼，從而摧毀人民的反抗意志。1989年，中共暴政出動數十萬軍隊，血洗北京，製造駭人聽聞的「天安門血案」。中共鄧小平權貴集團還發出「殺20萬人，保20年穩定」的威脅，使中國籠罩在國家恐怖主義的血腥氣氛之下。

「天安門血案」之後，北京的自由知識分子的策動下，「歷史的潮流」、「奧林匹克飯店百餘名自由知識分子反左會議」、組建「勞動者權益保障同盟」、「聲援員警迫害自由畫家嚴正學」的大簽名運動等運動相繼出現，試圖衝破血腥的國家恐怖氛圍。儘管如此，大多數民眾仍然生活在中共血洗北京的恐懼之中。

1999年4月25日，為抗議中共宣傳機器和御用文人對法輪功的誹謗誣衊，萬名法輪功學員到北京上訪，並圍繞

中共核心機關所在地中南海，平靜地進行煉功活動，以顯示對「真、善、忍」信仰的忠誠。法輪功精神修煉者的這次大規模抗爭活動，以英勇無畏的信仰的力量，表現出對中共鐵血強權的蔑視，從而擊碎了壓在中國人民心中的「天安門血案」的恐懼陰影。此後，民眾的群體性「維護人權、抗爭暴政」的運動，逐漸在東亞大陸如火如荼地展開。迄今為止，中國每年發生的群體性「維權抗暴」運動已達數十萬起。

上述事實證明，法輪功精神修煉者的反迫害運動，客觀上對於引領中國歷史走出「天安門血案」造成普遍恐懼，走進全民抗暴的時代，不僅功不可沒，而且功厥至偉。

（三）法輪功反迫害講真相活動揭示出中共極權的邪惡本質，促進了中國民眾的政治覺醒。

「天安門血案」之後，為了掩蓋其犯下不可饒恕的反人類罪行，欺騙國際社會和國際民眾鞏固其專制統治，中共利用它所豢養的官辦學者、御用文人，以及它所收買的國際上的「漢學家」和「中國問題專家」，從各個角度製造了一系列中共會進行政治改革的謊言；散佈中共的「經濟改革」會導致中國民主化的幻想。這些謊言和幻想在相

當程度上阻礙了中國人民同中共暴政作政治決戰的意志的形成。再加上劉曉波一類偽自由知識分子按照美國和歐洲的綏靖主義政客的意志，宣揚與中共妥協的觀念，聲稱中共專制正在逐步改良，人權狀況正在逐漸改善的謠言，也在相當程度上幫助中共掩蓋其邪惡本質。

在這種複雜的背景之下，法輪功精神修煉者為反迫害而進行的講真相運動，十餘年如一日，堅持不懈，充分有效地揭露了中共反歷史、反人類、反社會、反人性、反中國文化的邪惡本質，如黃鐘大呂、振聾發聵。法輪功精神修煉者的講真相運動，促進了「沒有共產黨，才有新中國」的真理的廣泛傳播，使這一真理得到越來越多的中國民眾的認同。中國民眾對於「沒有共產黨，才有新中國」這個真理的認同，既是一次偉大的政治覺醒，也是當代中國民主大革命必不可少的思想準備。

（四）法輪功精神修煉者引發一次當代中國人精神領域的奴隸大起義，即退出中國共產黨及其附屬組織的全民運動。

中共暴政是對東亞大陸上的各族人民犯下重重反人類罪行的犯罪集團，是人類歷史最無恥、最龐大的貪官汙吏集團，是對人民實行特務統治的政治黑手黨，是中國萬年

歷史中最凶惡的賣國賊集團——用來自西方的共產黨文化摧毀中國人文化的祖國和精神的故鄉。

中共統治東亞大陸的歷史已經可以得出一個結論：中共暴政是萬惡之源；當代中國人是中共暴政的政治奴隸和馬克思主義統治下的文化亡國奴；摧毀中共暴政，創建自由民主的聯邦中國，才是屬於人民的「中國夢」。

法輪功精神修煉者發起退出共產黨及其附屬組織的運動。這個以釜底抽薪的方式，解體中共暴政的運動，如火如荼，在東亞大陸上日益深入人心。退出中共實際上是中國人掙脫思想的鐵鏈，在精神領域內爆發的一次無形的政治奴隸大起義。可以相信，這次精神領域的政治奴隸大起義，終將會在現實政治的領域，產生推動歷史命運之輪的效應。

三、簡要結語

法輪功主觀上不搞政治，客觀上卻產生了有利於中國民主化的政治效應。這可以說是「無心插柳柳成蔭」。

對法輪功實施大迫害的過程中，中共政權急劇地演變成專制政治的最黑暗的形式，即特務統治和政治黑手黨。中共十八大之後，毛澤東的「老紅衛兵」，即與納粹德國

黨衛軍同質的反人類罪的犯罪集團，已經全面主宰中共的權力意志。中國將因此進入萬年歷史中最黑暗的時期。但是，中共暴政進入最黑暗的統治時期，也必定預言，其反人類、反社會的統治即將在全民反抗中崩潰。「沒有共產黨的新中國」——這個屬於中國人民的「中國夢」，必將成為偉大的現實。

傾國家之力的迫害

章天亮

　　2014年7月29日，中共新華社發表了一個簡短卻註定引起全世界關注的消息，前政治局常委、政法委書記周永康因涉嫌嚴重違紀遭到審查。這是中共建政60餘年，因貪腐遭調查的最高級官員。

　　事實上，「貪腐」只是藉口，真實的原因則是周永康和薄熙來等，在江澤民和曾慶紅的支持下，準備以政變的方式推翻習近平[1]，並以薄熙來取而代之。因此清洗周、薄乃至他們的後臺，是習近平不得已的選擇。

　　而這場政變的背後原因，則是十幾年來江澤民集團以傾國之力鎮壓法輪功，犯下了驚天血債，他們逃避清算的唯一方式，就是死死掌握權力、延續鎮壓政策，而薄熙來就是達到這一目的的唯一人選。

　　中共建政後對過去的國民黨軍政人員、各種宗教和民

間組織、農村和城市中的有產者的鎮壓，以及十年「文化大革命」，讓人們見識了中共鎮壓的能力；「六四」屠殺則在全世界面前展示了中共鎮壓的決心。可以想見，面對法輪功廣泛持久的非暴力抵抗，中共鎮壓的力度與殘酷性將會怎樣。

前中共總書記江澤民把鄧小平的「以經濟建設為中心」轉變為「以鎮壓法輪功為中心」，並通過改組國家權力機構推行這一政策。本文僅從這一角度管窺法輪功所遭受迫害的嚴重性。

一、中共歷史上第一次持久、成規模、非暴力的抵抗

在共產黨的歷史上，要鎮壓某個團體和個人從來都不需要三天。因此，江澤民深信，他剷除法輪功最多只需三個月。但他卻遭遇了法輪功的頑強抵抗，而且這種抵抗有三個特點——持久、成規模、非暴力。

從中共鎮壓開始迄今已超過15年，國內的法輪功學員貼傳單、發光碟、掛橫幅、傳播《九評》，歷經牢獄、酷刑之災仍在大規模地堅持。在海外，法輪功學員辦媒體、起訴迫害法輪功的中共領導、突破網路封鎖、復興中華文化、舉辦神韻演出，15年來越來越強。

二、從「以經濟建設為中心」到「以鎮壓法輪功為中心」

（1）巨大的財政投入

在另一方面，中共鎮壓法輪功的代價也極端沉重。有時法輪功這邊花一美元、一分鐘做的事，中共可能就要花幾千、幾萬美元和幾天、幾個月的時間。舉個最簡單的例子。海外法輪功學員開發突破網路封鎖的軟體做一次升級，中共那邊就要投入大量的研發力量並對幾千、幾萬個防火牆升級，就要過濾出口頻寬超過2Tbps（一兆比特每秒）的數據[2][3]。法輪功向江澤民遞交一紙訴狀，中共就要派出龐大的遊說團體去遊說國務院、司法部、法院或所有相關人員，就要在貿易上做出巨大讓步，以規避對江澤民的進一步調查。

有調查顯示，中共投入其國民生產總值的四分之一到對法輪功的鎮壓中。這場運動的投入不亞於一場戰爭。[4]

（2）鎮壓的沉重代價

江澤民把鄧小平的「以經濟建設為中心」改成「以鎮壓法輪功為中心」。這裡從內政和外交兩個方面可以窺見端倪。

在內政上，為鎮壓法輪功，中共不得不調整其組織結構，成立法外組織「610辦公室」，不僅壟斷公、檢、法、

司，還有特務、外交、財政、軍隊、武警、醫療、通信等各個領域[5]。中共曾經說社會主義的優越性是「集中力量辦大事」。「610辦公室」就是這樣一個能調集全國幾乎所有資源的機構，是政治局常委會之外的另一個權力中央。該中央由當時的國務院第一副總理、也是江澤民密友的李嵐清負責，由羅幹具體指揮和督辦，該權力中央直接受江澤民的控制。

由於法輪功不屈不撓的抗爭，江澤民惱羞成怒，迫害手段不斷升級，欠下了觸目驚心的血債。2002年，中共十六大召開前是江澤民最後一次出訪，結果在芝加哥接到了法輪功學員的訴狀。

一方面被法輪功刑事控告和民事起訴、驚天血債有被清算的可能；另一方面政治局常委的絕大多數人對鎮壓毫無興趣，江澤民決定在總書記任滿前改變政治局常委的結構，把人數從七人變成九人，硬塞入李長春以負責反法輪功宣傳和羅幹以負責暴力鎮壓。

同時江澤民取消了「核心」的稱謂，美其名曰「集體領導」。實則剝奪了胡錦濤過問李長春和羅幹工作的權力。

中共從獨裁體制變成了「寡頭政治」體制，九個常委

各管一攤，互相之間則誰也管不著誰。只有羅幹做了政治局常委，才能調動全國的資源繼續鎮壓政策；只有九個人各管一攤，羅幹才能擁有不受制約的權力，這都是江澤民為鎮壓法輪功所做的重要組織結構調整。

同時，江澤民還做了一個讓世界瞠目結舌的決定。以準軍事政變的方式由張萬年提出特別動議，江澤民2002年十六大後繼續連任軍委主席。他準備再花兩年的時間徹底解決法輪功問題，但到了2004年，鎮壓越加難以為繼，江澤民卻不得不從形式上退出中共最高權力機構。

在外交上，中共表面上把臺灣、西藏、民運問題擺在重要位置。實際上，法輪功問題才是中共外交的最核心利益。舉例來說，美國《華盛頓時報》報導，2001年3月9日，前中國駐美大使朱啟禎、李道豫和前駐加拿大大使張文樸與時任美國國家安全顧問的賴斯會面。沒想到，其中一位外交人員居然掏出一篇事先準備好的演講詞，滔滔不絕地演講法輪功如何對中共政府造成威脅。賴斯「也被他們這種長篇濫罵給惹毛了，在他們念了20分鐘的演講稿後就中斷會議，請他們走人。」[6]

（3）失敗的暗殺和政變企圖

原「610辦公室」副主任劉京在一次宴會上透露中共高

層在法輪功問題上分為兩派，胡錦濤由於不認同鎮壓法輪功而遭江澤民當面咆哮和訓斥，甚至江還準備暗殺胡。[7]

2006年11月15日，香港《動向》雜誌首次獨家報導了當年「五一」胡錦濤在黃海險些被江澤民暗殺。後調查發現是江幕後指揮，海軍上將張定發執行。2006年底，張定發病死，沒有弔唁，沒有悼詞，官方新華社、解放軍報都不報導，只有《人民海軍報》刊出個簡訊，甚至連個黑白遺照都免了。[8]

十七大在2007年召開。由於胡錦濤的阻止，江澤民未能讓自己最中意的、迫害法輪功血債累累的薄熙來做胡錦濤的接班人，但卻成功地讓同樣血債累累的周永康變成了政治局常委來接替羅幹。接下來，江、周、薄開始策劃政變，準備在2014年趕走習近平。

（4）沸騰的民怨

今日中國的沸騰民怨既是鎮壓法輪功的直接後果，也是政法委刻意製造出的局面。

按照中共官方的統計，中國在鎮壓以前有一億人修煉法輪功。在鎮壓之初，中共所有宣傳工具24小時滾動播出妖魔化法輪功的節目。但是這麼多節目中沒有一例說法輪功學員貪污腐敗、賣淫嫖娼、小偷小摸、殺人放火，這

恰恰反過來證明法輪功學員都在按照「真、善、忍」做好人。

可以這麼說，要鎮壓這麼大的好人組成的群體，只要社會還有一絲一毫的維繫正義的力量，江澤民的目的都無法達成。在一個正常社會裡言論自由、信仰自由、出版自由、結社自由、遊行示威自由、司法獨立等等，都是維繫社會公正的手段。「610辦公室」的首要任務，就是讓這些維繫社會公正的手段徹底失效。

這就把中國社會變成了弱肉強食的叢林。誰有權有錢，就可以為所欲為。受害者無處申冤，怨氣越積越大，有如高壓鍋隨時可能爆炸。

而政法委也需要這樣一個局面。因為中國社會越亂，政法委就越受重視，能夠拿到的鎮壓資源就越多。等到整個中共體制都為鎮壓而存在的時候，政法委就自然變成了最高權力機構。現在中共的維穩費用每年七千億人民幣，超過軍費開支[9]。由於政法委隨時需要調動武警鎮壓民變，而軍隊調動手續複雜，這為政法委勢力膨脹而抗衡軍委提供了可能。

江澤民選定政法委作為薄熙來的晉身通道，實際上因為它提供了薄熙來大權獨攬的唯一可能。

結語

　　從「610辦公室」的成立，到2002年江澤民連任軍委主席；從2002年十六大將常委會中增加主管政法和宣傳的常委，到廢除胡錦濤的核心地位，改為常委會「寡頭政治」運作模式；從不斷加強政法委權力和增加的維穩費用，建立第二權力中央，到具體策劃暗殺和政變，中共近15年來的權力改組，都是為了保住鎮壓法輪功所能動用的資源。

　　中共壟斷了一切社會資源，並擁有不受監督和限制的權力，而國際社會又不斷通過投資、商貿和投機向中國輸入大量資金。儘管如此，這一場鎮壓的消耗以及由此連帶產生的問題，甚至讓中國這個GDP排名全世界第二的經濟體也不堪重負。

　　由於鎮壓法輪功的前提是讓維繫社會的機制徹底失效，鼓勵做惡而打擊善良，因此受害者並不僅僅是法輪功學員，普通民眾都面臨著社會安全感的喪失。目前官民嚴重對立以及全民道德淪喪後製造帶來的環境和社會問題都與這場迫害有直接的關係。

　　在人類的歷史上曾經發生過「三武一宗」滅佛的法難，但持續時間都未超過六年且地域有限；西方曾有羅馬帝國對基督徒的迫害，也是斷斷續續在進行。無論是中國

古代還是羅馬帝國，對社會的控制能力遠非中共這般無孔不入，也絕無中共這樣自上而下的全方位組織和財政保障，更未能舉傾國之力專心一意從事鎮壓，更沒有這麼多的酷刑、洗腦，甚至以軍隊和武警保障進行大規模、系統性地活體摘除法輪功學員器官的殺人牟利行為。

15年的迫害與反迫害，形勢已經非常明朗，法輪功的反迫害會一直持續，而中共的政權卻行將解體。

人類歷史上沒有過千年的帝國，卻有過千年的信仰。無論迫害多麼喪盡天良，善惡的報應也一定會登場。

[1] 共同社記者發自北京的報導說：「周永康看來除了被追究貪腐，還有被調查政變的問題。」http://www.bbc.co.uk/zhongwen/simp/china/2014/07/140730_zhou_yongkang_japan.shtml

[2] CNNIC發佈2013年6月末中國互聯網國際出口分佈。中國互聯網主要骨幹網路國際出口頻寬數（Mbps）：合計2,098,150

http://data.lmtw.com/yjjg/201307/91967.html

[3] 哈佛大學的測試表明，跟法輪功相關的網站遭到中共最嚴厲的封鎖

http://cyber.law.harvard.edu/publications/2005/Internet_Filtering_in_China_in_2004_2005

https://opennet.net/studies/china#toc4a

[4] 追查迫害法輪功國際組織調查報告集

http://www.zhuichaguoji.org/node/23256

[5] 「610辦公室」系統參與迫害法輪功的調查報告

http://www.zhuichaguoji.org/node/23202

[6] Inside the Ring

http://www.washingtontimes.com/news/2001/mar/09/20010309-021538-9115r/

[7] 2002年劉京透露中共高層內部鎮壓法輪功的分歧

http://www.epochtimes.com/gb/12/4/9/n3560912.htm

[8] 胡錦濤三次遭遇驚心動魄暗殺秘聞

http://www.epochtimes.com/gb/12/5/27/n3598251.htm

[9] 兩會觀察：中國軍費和「維穩」開支

http://www.bbc.co.uk/zhongwen/simp/china/2014/03/140305_ana_china_npc_army.shtml

二、政治、社會、經濟

對迫害善良的
一個政治上的回應

愛德華・麥克米蘭 - 斯考特

2006年，北京在為主辦2008年奧運會做準備時，我作為主管人權和民主事務的歐洲議會副主席訪問了該城市。中國正準備向全世界展示，它是一個在經濟和政治上取得進步，負責任的世界強權。北京奧運會申辦委員會的副主席劉京民曾說，允許北京舉辦奧運會將「有助於人權的發展」。然而，在一個窗簾低垂、光線昏暗的酒店房間裡，我瞭解了中國取得進步的門面背後的真相。

實際情況是，中國在奧運會之前加強了對政治和宗教異見者的鎮壓。一個以「真、善、忍」為指導原則、結合打坐的和平精神修煉團體——法輪功的修煉者們，自1999年以來持續遭到殘酷鎮壓，只因中國共產黨懼怕法輪功成為威脅該黨的組織力量。我當時得知了中共政權已經犯下

群體滅絕罪。

我在2006年訪問北京時會面的一些前良心犯、改革派和異議人士告訴我，他們本人以及家屬遭到中共的殘酷迫害。我和牛進平交談過，他因修煉法輪功在監獄服刑兩年。他的妻子張蓮英當時還在獄中，他只能自己照顧只有兩歲大的女兒。監獄裡的實施酷刑者為逼迫她放棄修煉法輪功經常毆打她。牛進平在最後那次探望他妻子時看見她滿身傷痕。張蓮英出獄後寄信給我，列出了獄警為強迫她放棄法輪功而在她身上用過的「50種酷刑」。她在監獄遭受嚴重毆打時曾陷入昏迷。

更恐怖的是，那些受訪者向我確認了之前我略有耳聞的事情：中共政權強行從被關押的法輪功修煉者身上活摘器官，出售給蓬勃發展的器官移植業。曾因修煉法輪功遭關押的曹東流著淚告訴我說，他在監獄醫院裡看到他的朋友（法輪功修煉者）的屍體因被摘取器官而在身上留下窟窿。

在接下來的那個月裡，前加拿大國會議員大衛‧喬高（David Kilgour）和人權律師大衛‧麥塔斯（David Matas）出版了一份報告，檢視了從關押的法輪功學員身上強摘器官的指控，這是此類調查的第一個報告。該報告得

出令人悲傷的結論：「大規模地強行從非自願的法輪功學員身上摘取器官的行為不僅已發生，而且持續至今。」一年之後，聯合國酷刑問題特專曼弗雷德‧諾瓦克（Manfred Nowak）發表報告印證了喬高和麥塔斯的調查結果，報告指出：「在中國眾多的各種場所中大量非自願的法輪功學員遭到活摘器官，成了器官移植手術的供體。」

在北京與我所見過的所有人士在我們會面後隨即遭到中共的拘捕。有的人失蹤，有的人遭到酷刑。那時，由於害怕冒犯這個正在崛起的經濟強權，歐洲國家的領導人們對此默不作聲。

從那以後，國際社會對中國的態度發生了轉變。奧運會正式開幕前，針對中國持續的人權侵犯，我發起對北京奧運的國際抵制行動。幾位很高調的知名人士加入抵制的行列。美國電影導演史蒂芬‧史匹柏（Steven Spielberg）、英國的查爾斯王子拒絕出席奧運會的開幕式。歐洲議會主席、歐盟委員會主席和歐盟外交事務專員主席也拒絕出席。同樣，曾合作設計了北京奧運會鳥巢體育場的國際知名藝術家艾未未也表態支持這項抵制，並稱他自己國家的政權「令人厭惡」。

我一直在從事著促進中國改革的運動。在歐洲議會，

議員們已經通過了多項決議呼籲中國尊重人權和結束對法輪功的殘酷迫害。我主持了幾項很高調的活動以保持對這一議題的高度關注；2013年1月，我邀請中國的前外科醫生安華托蒂（Enver Tohti）來到歐洲議會，他提供了強有力的證詞，以親身經驗描述了自己曾經被迫從一個接受死刑的執行但仍活著的犯人身上摘取器官的過程。

歐洲議會持續給予歐盟外交政策負責人凱瑟琳・阿什頓（Catherine Ashton）壓力，敦促其在與中國的人權與貿易對話中提出人權問題。其實，促進貿易和促進改善人權之間並非相互排斥；德國與中國的貿易在過去十年中呈現出爆發性的成長，卻也同時在人權問題上採取了強有力的作法。

美國對於中國以及中國漠視人權的批評也更加嚴厲。成千上萬抗議者遭中共殘酷鎮壓的天安門廣場大屠殺事件在臨近2013年週年紀念之際，美國國務院發表聲明，呼籲中國政府停止騷擾當年的參與者並且為受害者平反。美國國會也採取了更強硬的立場。在歐巴馬六月訪問中國前，外交事務委員會的羅伯特・梅南迪斯主席（Robert Menendez）寫了一封公開信給歐巴馬總統，促請其提出中國持續侵犯人權的議題，包括該政府對法輪功的迫害。

強硬的措辭常與強硬的行動配合。2011年初，中國異議人士盲人陳光誠逃脫中共的軟禁並投奔美國駐北京大使館。令中國當局非常不悅的是，陳光誠不僅在美國大使館得到庇護，他反抗中國政府的奮戰也獲得支持。中國外交部發言人抨擊美國介入陳案，要求道歉，並警告美國不得再以此方式干涉中國內政。現在，陳光誠在美國以自由之身與他的妻子和女兒一起生活，中國的威脅顯然徒勞無功。

為保持促進中國人權的勢頭，我和陳光誠在華盛頓和布魯塞爾發起了人權和民主跨大西洋聯盟。與國際特赦組織和對華援助協會一同發起了「捍衛自由計劃」（The Defending Freedoms Project），呼籲歐洲議會和美國國會的議員為世界各地的良心犯發聲——幾位知名的中國良心犯名列其中。我選擇了高智晟，他是基督徒、人權律師，在2005年開始為法輪功學員辯護，目前已獲釋放。

在美國華府發布上述計畫時，我有幸再次見到我的老朋友牛進平，從2006年我們初次於北京的酒店房間見面後就再也沒有見過面了。跟陳光誠一樣，他現在也是以自由之身和他的家人在美國生活，並且繼續為爭取自由和公正的中國而奮鬥。他的妻子張蓮英，曾經歷過落入中共之手

的種種恐怖，如今已完全恢復。

　　縱觀歷史，沒有一個專制政權最後不是土崩瓦解的。國際間的政治支持已經凸顯出中共殘暴打壓系統的裂縫。對那些遭中共政權騷擾、囚禁、酷刑折磨的人們給予持續的、更強大的支持，將有助於他們爭取被許多人視為理所當然的基本權利和自由。對此，我們絕不可以動搖。

精神和肉體滅絕的手段
——轉化洗腦

夏一陽

　　中共對法輪功的迫害從一開始就不是法律的實施，而是針對信仰進行迫害的政治運動，貫穿這場政治運動的核心是——轉化洗腦。

轉化洗腦的命令來自最高層

　　早在1999年迫害開始不到20天的時間內，中共中央就發布了兩個文件，文件中提出針對修煉法輪功的中共黨員的轉化。[1]8月24日，中共中央辦公廳、國務院辦公廳的通知（兩辦通知）更是把轉化的對象擴大到了所有法輪功修煉者，把轉化工作提到了「衡量這場鬥爭成效、取得這場鬥爭勝利的一個重要標誌」的高度。在這三個文件中，即使是「只是為了健身強體而練習『法輪功』的人」，只要

沒有「正確認識」，即不放棄信仰，就不能被「解脫」。可見，這場迫害從一開始就是針對全體法輪功修煉者的信仰。

中央處理法輪功問題領導小組的負責人直接部署轉化洗腦工作。2000年8月，時任領導小組組長的李嵐清致信司法部教育轉化工作經驗交流暨表彰會，強調勞教部門在轉化中的「獨特優勢」。時任領導小組副組長，後接任組長的羅幹則專門就轉化洗腦發表講話，並竭力推廣所謂的「馬三家經驗」。[2] 2000年9月，中央610辦公室成立了教育轉化工作（指導協調）小組，專門負責全國範圍轉化洗腦工作，並由當時的中央610辦公室副主任李東生負責（李於2009年接任610辦公室主任，直到2013年12月因嚴重違紀違法遭調查和免職）。

轉化標準

轉化並非簡單的表示不煉法輪功就可以過關的。轉化標準的雛形最先出現在1999年8月24日公布的中央兩辦的通知。[3] 此後，馬三家教養院總結出一套轉化標準。中央610辦公室主任王茂林在2000年8月29日召開的司法部教育轉化工作經驗交流暨表彰會上介紹了該標準，共有五條：保證

不再練功、寫出悔過書、交出全部法輪功書籍及材料、寫批判法輪功及其創始人的揭批材料，以及做其他學員的轉化工作。這五條中只要有一條做不到，就不算達到轉化標準。「轉化」成為「寬大」、減期、院外執行和提前解教的唯一參照。[4] 也就是說，勞教和所謂的「違法行為」毫無關係，完全是針對信仰的迫害。2000年9月，中共中央610辦公室正式向全國推廣馬三家轉化標準。[5]

理論的失敗勢必導致行動的暴力

中共的懲戒系統和其它正常國家不同的是有一個「思想改造」。和歷次中共涉及「思想改造」的政治迫害相比，這次針對法輪功修煉者的轉化洗腦無論是加害人和受害人都有了很大的不同。中共的理論體系來自馬克思、列寧，傳到中國後又加上毛澤東思想。中共建政初期，假革命勝利之餘威，其理論也頗有威嚇和迷惑人之處；被改造的人大多沒有成熟的思想體系與之對抗，有的對中共仍抱有幻想，即使不是自願，多半會努力說服自己接受改造。然而這一次卻完全不同了。法輪功具有完整的信仰體系和世界觀，根植於中國傳統文化，修煉者身心受益，不會輕易受宣傳的影響；而共產主義的理論和實踐在全世界已經

失敗，中共已經徹底變成沒有思想體系的利益集團，不過是在維持統治而已。

無論是早期的「思想改造」，還是針對信仰的「轉化」，無非是將中共的一套歪理強加於人，或試圖消滅他人原有的信仰或世界觀。在意識形態較量中，只剩一具僵屍般的中共及其打手，根本無法擊垮具有堅定信仰的法輪功修煉者。而暴力就成了中共手中僅有的武器。

轉化的場所和實施轉化的人員

監獄、勞教所、洗腦班、工作單位、社區街道鄉鎮都有轉化的指標並且有專人負責。但最先被中共作為重點的轉化地點是勞教所。

1999年10月29日，為了配合三個月前江澤民一手發起的對法輪功的迫害，位於遼寧瀋陽的馬三家勞教所（後改名為馬三家女子教養院）設立了專門關押法輪功學員的女二所[6]，是中共迫害法輪功的最惡名昭彰的場所。從一開始，馬三家女子教養院就是中央610辦公室轉化洗腦的試點單位，隨後再向全國推廣。據原瀋陽市司法局局長韓廣生介紹，馬三家的經驗就一條：用電棍。[7] 事實上，馬三家教養院對法輪功學員實行的酷刑至少有幾十種。

再以北京為例，據報導，全北京市「教育轉化法輪功練習者的工作遇到了不少困難，經歷了不少挫折」，還是「北京市勞教局在大牆內首先找到了突破口」。為此，北京市勞教局被司法部記一等功，成為北京市反法輪功的先進。眾所周知，勞教系統的工作人員基本上沒有思想理論，即使是共產黨那套歪理他們也搞不清楚。他們是屬於打手之類。為什麼他們能「解決」北京市各級黨政官員、政工幹部和理論工作者都無法解決的問題？

根據中央610辦公室主任王茂林總結，主要是因為勞教系統的強制性、封閉的環境和嚴格的管理。[8]了解中國勞教系統內幕和中共話語系統的人都知道這就是實施暴力酷刑的冠冕堂皇的對外說法。

由於勞教所內法輪功學員完全喪失人身自由，並被置於暴力環境之下的情況條件不能直接應用到社會上，從2000年開始，中央610辦公室提出了集中辦封閉式學習班的措施；又從2001年起大力推廣集中舉辦以「法制學習班」為名的洗腦班的所謂經驗。[9]法制教育培訓班是地方非執法機構設立的一種模仿監獄、勞教所環境的轉化場所。值得注意的是，持續舉辦了十多年的全國至少400多個洗腦班，不屬於任何政府部門、執法機構、社會團體，並且未經登

記註冊，沒有任何法律根據或公開黨政文件確認其性質、地位，卻不受任何機構監督，擁有不需要法律授權而可任意實施拘禁的權力；其工作人員沒有執法者的地位，卻有超越法律的權力，甚至殺人卻不必負法律責任。

除了上述轉化洗腦的最主要場所勞教系統和封閉式洗腦班外，社會上進行「轉化」的主要執行者是各級黨政機構和官員。北京市朝陽區曾經成立了720個所謂「幫教」小組。此外，企業、婦聯、共青團、科學界、理論界、教育界都在中共中央的統一部署下以各種方式參與了迫害法輪功學員的「轉化洗腦」工作。

轉化洗腦貫穿迫害全程

最早有案可查的轉化洗腦可追溯到全面迫害開始之前。1999年法輪功學員「4‧25」和平上訪後，中共高層開始緊鑼密鼓的準備展開鎮壓迫害。中共軍隊總醫院（301醫院）原院長李其華把自己修煉法輪功身心受益的體會和修煉法輪功利國利民的看法寫成《一位老紅軍、老黨員對法輪功的粗淺理解》一文，此文被當時中央軍委副主席張萬年看到後，立即呈報江澤民。江就此給政治局、書記處和軍委領導寫了一封長信。[10] 此後幾天，張萬年派人天天找

李其華談話，採取疲勞轟炸戰術逼其檢討並放棄修煉，最後還炮製出一份「檢討」。[11] 5月23日，江給政治局、書記處和軍委的信形成了中共中央文件（中辦發[1999]19號）下發，文件內容包括部署做好對修煉法輪功的黨員、幹部的轉化工作。[12]

2000年9月，中央610辦公室發出「關於開展教育轉化攻堅戰的實施意見」[13]，在全國範圍內對法輪功學員進行轉化洗腦。此後每年轉化洗腦都成為各級黨委的重要日常工作。以轉化洗腦重點省份河北省為例，2001年各市縣光是建洗腦班就投入人民幣1,500多萬元，11個市和部分區縣都建立了以法制教育培訓中心（學校）為名的洗腦班。[14]

2001年4月25日，中共中央組織部印發了遼寧省馬三家勞動教養院黨委、北京市勞教局黨委和黑龍江省七台河市委與法輪功鬥爭經驗材料，其中最主要的內容就是關於「轉化」。[15]

除了作為每年政績考核必須的轉化洗腦日常操作外，中央610辦公室還不定時的開展專項運動。2010年，中共610辦公室啟動了一個為期三年的計劃，名為「2010~2012年教育轉化攻堅與鞏固整體仗」，在全國範圍內繼續對法輪功學員實施洗腦轉化。[16]

在上述「三年整體仗」結束時，中央610辦公室立即開展了另一個為期三年的「2013-2015年教育轉化決戰」。不過這一次，即使從所謂決戰目標來看，中共迫害法輪功也已到了窮途末路：有的地區目標是「力爭至2015年底使需要重點鞏固對象不出現反覆」，還有的目標是「決戰期間實現無新增法輪功人員」。

反人性的轉化洗腦

對於中共各級黨政主要官員而言，轉化率是一個必須完成的指標，和他們的政績掛鉤。轉化率是怎麼完成的？在社會上，最常用的方法是多人圍攻一人，實行強制洗腦。早在1999年8月的中央《兩辦通知》裡就提出了「要採取『一包一、幾包一』的辦法」。受到中央「610辦公室」肯定的長春市綠園區春城街道辦事處實行的是「街道領導、一般幹部、社區主任、公安幹警、家屬、單位各包保一名『法輪功』習練者的『六位一體』的包保責任制」。吉林省通化鋼鐵集團板石礦業公司創下了20人圍攻轉化一人的「幫教之最」。[17]

轉化率是以居住地法輪功學員基數計算的，因為勞教的人數不算本地基數，很多地區為了完成規定的轉化率，

將拒絕放棄信仰的法輪功學員送勞教和判刑。2001年1月17日黑龍江省慶安縣法輪功學員劉岩遭到抓捕毒打並被送往綏化勞教所勞教一年半。因劉岩傷勢嚴重，勞教所拒收，警察通過關係強行把他留下。劉岩於2002年7月21日被迫害致死。山東萊蕪市委書記李玉妹對一些拒絕轉化而體檢不合格，按規定不能勞教的法輪功學員，採用對主管部門施加壓力和送禮施賄的辦法讓其接收。這種用送禮來強制勞教以完成當地轉化率指標的現象，在對法輪功學員的迫害中可說是相當普遍。

由於洗腦班、勞教所和監獄同樣也有「轉化率」指標，為了完成轉化率指標，這些部門無一例外的廣泛使用酷刑。

歷史上確有各種暴政，有連坐的，甚至有滅門的，但絕不會逼迫家人互相殘害和賣師求榮的。中國傳統文化，講的是一日為師終生為父，同門就是一家，美國憲法第五修正案也確保公民不做對自己不利證詞的權利。而轉化手段則是逼迫法輪功學員放棄古今中外所有文明社會做人的基本尊嚴和底線，不僅強迫背叛師門出賣同修，還要強迫悔過和自證其罪，無疑是企圖從精神上徹底摧毀法輪功學員，而拒絕被轉化的則面臨持續不斷的各種酷刑。

暴力和洗腦貫穿整個迫害，但兩者結合作為系統化政策全面執行則是在2001年1月23日中共當局導演的天安門廣場自焚偽案以後。一名中共高級官員曾對《華盛頓郵報》透露，早期的鎮壓並不成功，直到2001年，才找到了「有效的」方法。這個有效的方法包括三個方面：暴力、高壓宣傳和洗腦，而「洗腦」是關鍵。這位官員說，鎮壓一開始就伴隨著暴力，但直到今年（2001年），中央才決定鼓勵廣泛使用暴力。根據政府的報告，極少有法輪功學員在未被施以暴力的情況下放棄信仰的。高壓宣傳則是借助於反覆播放天安門12歲女孩（指劉思影）燒焦的身體和其他人聲稱他們相信自焚能使他們升天的採訪錄影，最終使很多中國人誤信了政府的話。最後一招則是強迫參加洗腦班。這三種手段缺一不可。[18]

原國務院「對外貿易經濟合作部」（後更名為「商務部」）官員張亦潔女士，被非法關押在北京市女子勞教所期間，由於拒絕轉化，堅持信仰，被常年封閉關押，並有幾次遭關進小黑屋內晝夜對其洗腦轉化：第一次，連續18個晝夜不許睡覺；第二次，為逼迫她寫「三書」（保證書、悔過書、認罪認錯書），強迫她連續站立了42個晝夜。她經受了與人隔絕的封閉關押，常年飢渴的虐待，常

年限制其大小便的折磨，常年「熬鷹」的苦刑，無數次的毒打和精神摧殘，使她腰腿受傷，雙眼幾乎失明，語言遲鈍，黑髮變白，面目全非。但她從未因此而放棄信仰。[19]

中共官方報導也證實了酷刑的普遍使用。北京司法行政網報導過北京市女子勞教所第四大隊大隊長李繼榮轉化法輪功學員杜某的過程。報導寫道：「經過16天夜以繼日連續工作，杜寫出了決裂書……」，這說明了這位法輪功學員的決裂書是在連續16個日夜不讓睡覺（還不包括其它的折磨）的情況下被迫寫出的。

轉化的反人性還體現在鼓勵和強迫法輪功學員的家庭成員參與轉化。2001年2月27日國務院新聞辦公室記者招待會上，中央「610辦公室」主任劉京舉了一個例子正好證明了「轉化」的非人性：山東省有一位女士「主動地」把她的丈夫送到馬三家教養院去，請教養院來「幫助」自己的丈夫！

另一個典型案例，是中國協和醫科大學基礎所助理研究員林澄濤。林澄濤是國家「863」計劃和美國中華醫學基金CMB項目的課題骨幹。2001年10月，林澄濤因為拒絕放棄對法輪功的信仰被綁架到北京團河勞教所。在勞教所林澄濤遭受了體罰、輪番洗腦、關禁閉，施以包括多根三萬

伏電棍長時間的電擊等各種酷刑後都未屈服。2001年年末，在北京新安（女子）勞教所被洗腦的林的妻子，從女子勞教所寄信建議團河勞教所用女子勞教所採用的電刑、體罰、精神刺激、熬夜等手段來逼迫林屈服。林在被迫反覆看他妻子來信後終於承受不了這種刺激和打擊而精神失常。[20]

　　嚴格的說，每一個被迫害致死的法輪功學員都是因為拒絕放棄信仰。根據明慧網公布的迫害致死名單，對黑龍江、吉林、遼寧、山東、河北五個省的不完全統計，截至2004年4月30日，五省被迫害致死的588名法輪功學員中，直接死因是「拒絕轉化」的達232名，約占40%，在這232名中，有213名被酷刑虐待致死，占91.8%。

　　中共要求100%轉化率實際上是企圖迫使每一個法輪功修煉者在放棄信仰和迫害無限升級之間作一選擇。對堅定的信仰者而言，前者意味著精神死亡，後者可能導致肉體死亡。轉化洗腦就是在蓄意滅絕法輪功修煉群體。

轉化洗腦成為社會道德崩潰的催化劑

　　首創並負責在勞教系統進行轉化洗腦方案的原北京市勞教局局長周凱東，後來因為收受巨額賄賂而被判刑15

年。這並非個案，而是普遍現象。最近幾年中共政壇地震暴露出在迫害法輪功的指揮系統最高層的每一個關鍵人物，從江澤民、中央政法委書記周永康到中央610辦公室主任李東生，無一不是巨貪巨腐，難怪他們要對修煉真善忍的法輪功學員「趕盡殺絕」（王立軍語）。也就是說，轉化的實質其實是中共利用各種社會渣滓，企圖把努力做好人的法輪功學員變成他們那樣的貪腐成性的行屍走肉。中共每年還對迫害法輪功最殘酷的打手進行表彰和獎勵。中共就是通過壞人整好人的轉化洗腦，把顛倒的價值觀強加給全中國的民眾。

[1] 李嵐清致信「司法部教育轉化工作經驗交流暨表彰會」（2000年8月29日）

[2] 羅幹在司法部教育轉化工作經驗交流暨表彰會上的講話（2000年8月29日）

[3] 人民日報1999年8月25日第4版 中辦國辦就進一步做好「法輪功」練習者教育轉化和解脫工作發出通知嚴格掌握政策界限教育轉化解脫絕大多數 http://www.peopledaily.com.cn/rmrb/199908/25/newfiles/wzb_19990825001026_4.html

[4] 王茂林在司法部教育轉化工作經驗交流暨表彰會上的講話（2000年8月29日）

[5] 中央處理法輪功問題領導小組辦公室關於開展教育轉化攻堅戰的實施意見（2000年9月22日）

[6] 《新浪網》2001年6月15日「　記馬三家勞動教養院女二所所長蘇境」轉自《法制日報》記者霍仕明

[7] 明慧網 2005年7月4日 原瀋陽司法局長曝光「610」內幕 http://www.minghui.org/mh/articles/2005/7/4/105408.html

[8] 王茂林在司法部教育轉化工作經驗交流暨表彰會上的講話（2000年8月29日）

[9] 中央處理法輪功問題領導小組辦公室關於開展教育轉化攻堅戰的實施意見（2000年9月22日）；中央處理法輪功問題領導小組辦公室關於加強和改進教育轉化工作的意見（2001年4月9日）

[10] 《張萬年傳》

[11] 明慧網《人民日報》李其華老人「檢討」出籠的眞相 http://package.minghui.org/zhenxiang_ziliao/ziliao_huibian/fake_report/2_24.html

[12] 中共河北省委辦公廳冀辦發[1999]21號中共河北省委辦公廳關於認眞貫徹落實中辦發[1999]19號文件精神的通知

[13] 中央處理法輪功問題領導小組辦公室關於開展教育轉化攻堅戰的實施意見（2000年9月22日）

[14] 中共河北省委辦公廳文件 冀辦發〔2002〕5號

[15] 《中共中央組織部關於印發遼寧省馬三家勞動教養院黨委、北京市勞教局黨委、黑龍江省七台河市委與「法輪功」X教組織鬥爭經驗材料的通知》(2001年4月25日)組通字[2001]21號

[16] 美國國會和行政當局中國委員會2011年年度報告。CECC 2011 Annual Report. http://www.cecc.gov/publications/annual-reports/2011-annual-report

[17] 本小節未註明出處的資料取自追查迫害法輪功國際組織報告：追查國際關於通過「轉化」對法輪功修煉群體從精神和肉體實行群體滅絕的調查報告 http://www.zhuichaguoji.org/node/123

[18] 《華盛頓郵報》2001-08-05 Torture Is Breaking Falun Gong; China Systematically Eradicating Group: John Pomfret and Philip P. Pan. The

Washington Post. Washington, D.C.: Aug 5, 2001. pg. A.01

[19] 明慧網：張亦潔遭中共迫害記錄 http://www.minghui.org/mh/articles/2008/9/3/185228.html

[20] 《明慧網》2003年1月1日「野蠻洗腦釀人倫慘劇：年輕學者被逼精神失常、妻子被洗腦後要求酷刑折磨丈夫」。 http://www.minghui.org/mh/articles/2003/1/1/42004.html

揭露殘酷：中國強摘器官的驚人眞相

卡翠娜·蘭托斯·斯維特

在我們這個複雜的時代，「邪惡」這個詞已經變得有些退流行了。由於它沒有給藉口、辯解或妥協留下任何空間，因此不難理解這個字讓人們感到不自在。然而，有些暴行並無法用其他方式來描述。中國共產黨對良心犯實施非自願性的器官摘取實在是邪惡。現在是醫生、政治領袖及人權活動家一起來揭露這個野蠻罪行真相的時候了。

雖然中共已費心盡力試圖隱藏這殘酷罪行的真相，但真相正慢慢地開始浮現。它是一幅噩夢般的畫像，在其中人類被當作商品對待，可以任意地被消滅，而且他們的器官被他人剝除牟利。

在1980年代開始從死刑犯身上進行顯然不道德的器官

摘取，到最終發展成一個遠遠更為惡毒的事業。固然難以精確地指出，從已死的殺人犯和強姦犯身上偷取器官，和真的去謀殺政治犯和良心犯來摘取和販賣他們的器官，這二者之間的道德界線是在何時被衝破的，但證據確鑿的是這條界線事實上已經被大規模地踰越。

感謝「醫生反對強制摘取器官組織」（DAFOH）這個非政府組織的卓越工作，使這個卑鄙和令人心碎的貪婪及政治鎮壓的事實正開始浮現。從曾遭關押的犯人、勞教所職員，甚至共同參與這些人權侵害的醫療人員所得的多方資料顯示，數以萬計無辜的人們可能已經成為反人類罪的犧牲者。

而這些無辜的犧牲者是誰？證據指向大部分是法輪功修煉者。自1999年起，這個和平的信仰團體就一直是此一殘酷政府鎮壓、誹謗、監禁和酷刑的目標。如同其他宗教團體（包括西藏佛教徒及家庭教會）的活動，法輪功被中共視為其社會控制中無法接受的威脅。由於該信仰團體是基於對超越世俗和物質的法則的信仰而結合，因此他們被中國共產黨這樣的政權深刻的懷疑和懼怕。在中國沒有一個宗教團體由於這種懷疑而遭受到比法輪功更多的苦難。十五年以來，這個團體一直是以和平、非暴力的抵抗，伴

隨著他們對信仰和修煉的勇氣、決心，來回應這場殘酷的迫害。

世人一直難以理解為何中國政府會針對這個傳統精神修煉的佛家法門。法輪功是和緩及打坐的功法，強調真、善、忍的道德理念，法輪功學員在他們生活的每一個社會中都是真正的模範公民。由於他們令人敬佩的道德感，這個信仰團體曾經一度受到中國當局的歡迎，但是當法輪功普傳，修煉者人數增至七千萬至一億時，中國當局的恐懼升溫，這個精神運動對共產黨壟斷中國民心和思想的企圖形成威脅。

中國政府也運用其宣傳機器的大量資源針對法輪功修煉者進行大規模的迫害。儘管承受巨大的痛苦，法輪功學員仍舊堅定信仰並致力訴說他們的故事。當數十位領頭的中國維權律師和活動家受到觸動，開始為法輪功學員發聲時，法輪功學員自己已經取道網際網路的力量，創造可以打敗中國網路警察的（網路）工具，並且用這些工具和世界分享他們的故事。法輪功學員在幫助中國民眾突破中國防火長城（網路封鎖）上扮演了核心角色，有將近十億的公民可以自由使用網際網路。有數個精密和有效的翻牆工具，例如自由門及無界瀏覽，就是由法輪功學員所開發。

他們相信不受約束的瀏覽、未經審查的資訊是中國人民建立一個民主和美好未來所必需的。

由於這些網路自由工具，使得非法器官摘取等訊息，除了在中國外傳播，也傳入中國境內，並因此促成反迫害運動的成長，曝光及消除了大規模的人權迫害。

2013年12月，DAFOH向聯合國人權事務高級專員送交了150萬人連署的請願書，呼籲在中國進行「為獲取器官而殺害良心犯」的罪行調查。隨後，歐洲議會通過一項決議，要求立即結束中國國家批准的從良心犯包括法輪功學員的身上摘取器官。

這些是重要且鼓舞人心的進步，然而，實際上，要成功的杜絕不法器官摘取，眼前仍有極具挑戰性的路要走。部分理由是因貪婪所致。在一個缺乏自願捐贈器官的世界裡，絕望的病患會願意支付鉅款去取得所需器官。腎臟能賣到美金6萬元，肝臟有叫價到將近美金十萬元的記錄。眼角膜、心臟及肺臟也有極大需求。在政治目的、金錢貪婪及深層腐敗的種種惡毒因素結合下，創造出這個醫療和道德的夢魘。據估算，有6萬5千名法輪功修煉者可能已經成為這場邪惡風暴的犧牲者。

當今中國正面臨政治過渡時期，有證據顯示，對法輪

功大規模人權侵犯的嫌犯，註定由同樣牽涉這些罪行的政客所接替。理由為何？因為他們希望確保將來不會為其所犯的過錯受到懲罰。這些人應該好好記住馬丁·路德·金的話：「歷史的弧線雖漫長，但終歸正義。」

　　阿德萊·史蒂文森，前駐聯合國大使及伊利諾州州長，曾說過「解決方案由說實話開始」。當談到非自願器官摘取的議題時，現在是世界各地領袖說實話的時候了。不應允許中國政府隱瞞此一罪行，而且最重要的是，此一罪行必須徹底停止。要了解，「在善惡之間的任何妥協，只有邪惡可以獲利」。從遍及中國的無辜男女身上令人髮指地摘取他們器官的結果，邪惡已經獲得太多的利益。遭到他們盜取的生命正在大聲呼喊著正義，而這個呼喊不容置之不理。

沉默的暴行

滕彪

　　四支電警棍開始電擊我，我感到所擊之處，五臟六腑、渾身肌肉像自顧躲避似的在皮下急速跳躲。我痛苦的滿地打滾，當王姓頭目開始電擊我的生殖器時，我向他求饒過。我的求饒換來的是一片大笑和更加瘋狂的折磨。

　　「你丫的不是說共產黨用酷刑嗎，這回讓你丫的全見識一遍。對法輪功酷刑折磨，不錯，一點都不假，我們對付你的這十二套就從法輪功那兒練過來的，實話給你說，爺我也不怕你再寫，你能活著出去的可能性沒有啦！把你弄死，讓你丫的屍體都找不著。」

　　不知何時，有人在我頭上、臉上撒了尿。三支電警棍開始電擊我，我毫無尊嚴地滿地打滾。十幾

分鐘後，我渾身痙攣抖動得無法停下來。

接著，我被架著跪在地上，他們用牙籤捅我的生殖器。我至今無法用語言述清當時無助的痛苦與絕望。在那裡，人類的語言，人類的感情沒有了絲毫力量。

這是高智晟律師在他《黑夜、黑頭套、黑幫綁架》所描述的他所受酷刑的一個片段。此前他對法輪功學員所遭受迫害的情況作了大量的調查，並以致中共領導人公開信的方式公佈於世。他是最早、也最勇敢地揭露中共當局迫害法輪功的少數幾人之一。說實話，我幾次沒有讀完就放棄，幾次想要接著讀卻不敢。我多麼希望那不是真的，但那的確是真的。人承受苦難的能力是有限的，正如T‧S‧艾略特所說，「人類無法承受太多的真實」。

為了報復法輪功，為了讓他們放棄信仰，中共對法輪功的鎮壓和折磨到了不擇手段的地步。從中共最高黨魁的指令，到下面執行者的「寧左勿右」、「兇殘比賽」，15年來，法輪功學員遭遇了一場巨大的人權災難。「610」和其他工作人員打死法輪功學員，不會受到法律追究，這成了一條不明文的規則。而對法輪功學員進行任意綁架和關

押，更不會受到什麼約束和處罰。這一正在進行的反人類暴行，完全出自政府的命令、策劃和指揮。在明慧網上，截至2014年11月，共有3,795名法輪功學員慘遭迫害致死。從大量不忍卒讀的虐殺細節來看，完全可以和奧斯威辛相比。2007年，加拿大前亞太國務卿、資深國會議員大衛‧喬高和人權律師大衛‧麥塔斯兩人進行獨立調查，結論是「曾經發生，且至今仍然繼續存在，對非自願的法輪功學員進行大量器官摘取」，並以「這星球上前所未有的邪惡」形容；且從取得的證據顯示，這種器官摘取在中國許多省份都在同時發生著。

　　我不打算在這裡重新描述法輪功學員所受到的慘劇人寰的折磨，在這個互聯網時代，想找到這些資訊易如反掌。但比這些屠殺、暴行和酷刑細節讓我更震驚的，卻是世人可怕的沉默！

　　在中國，人們對法輪功問題閉口不談，好像完全沒有存在過一樣。在互聯網上搜索不到法輪功的任何消息，在微博、微信上，幾乎沒有這個話題的任何討論。記者絕不會花一秒鐘去考慮採寫關於法輪功的新聞，無論綁架一百人還是弄死一百人。知識份子和作家不會以此題材進行寫作。學者絕不會去做相關的學術研究。絕大多數律師對法

輪功案件避之唯恐不及，甚至有些自稱的「死磕律師」也拒絕代理法輪功案件。甚至一些民主人士、異議人士、人權工作者也從不提及法輪功問題，好像這不是一個和人權有關的問題。

在國外，情況也好不了多少。主流媒體不願意報導法輪功的新聞；政客不談、作家不寫、學者不研究，甚至相當多的人權機構也不願意談及法輪功。

他們不知道真相？問題也許不是無法知道，而是人們不想知道。1999年全中國展開對法輪功的瘋狂鎮壓，開啟全部宣傳機器、輿論機器，對法輪功進行大批判和妖魔化：自焚、得病不吃藥、圍攻中南海等等。在機關、學校、企事業單位，幾乎到了人人過關的程度。我記得當年我在北大讀博士，每人都要寫一份對法輪功的書面認識交上去。我、許志永和另一位北大博士還被安排參加一個座談會，北京很多所高校和文藝界人士都有代表參加，坐在我前排的正是姜昆。整個會場只有我和許志永批評政府的做法違反法治，但沒有人搭茬兒。

即使中國的GFW（Great Firewall of China，意指中共的網路封鎖）對法輪功資訊進行了最嚴密的封鎖，但法輪功組織發明了使用方便的各種翻牆軟件，會翻牆的人不可能

接觸不到這些資訊。審查網路的網管員們會被告知「法輪功、李洪志、活摘器官」是敏感詞，律師們會被告知法輪功案件是敏感案件。其實不用這些告知，人們「自然」會知道這是言論禁區。根據「沉默的螺旋」理論，每個人都有一種類似「第六感」的「準統計器官」（quasi-statistical organ），不用民意測驗，人們也能知道什麼是壓倒性的主流民意。人們害怕被孤立，而且不需要做什麼專門的調查就自然知道哪些言論、哪些行為會被孤立。不可說的敏感話題，包括天安門屠殺、西藏自焚、新疆維族的人權狀況、高官腐敗等等，而法輪功是所有話題當中最不可說的、所有禁區中最不可碰的高壓線。人們知道高智晟、力虹、王永航、劉如平的遭遇，人們知道自己的某位同學或鄰居因為修煉法輪功一次又一次被綁架或不明不白地在洗腦班死去；人們知道若為法輪功說句公道話，就可能會辦不成護照、丟工作、甚至被勞教、失蹤。人們知道，最明智、最安全的做法就是「不看、不聽、不說」。

那些觸目驚心地存在、卻被明目張膽地忽略甚至否定的事實，英文裡把它叫「房間裡的大象」。澤魯巴維爾（Eviatar Zerubavel）在《房間裡的大象：生活中的沉默和否認》中把它解釋為「我們知道，但是我們清楚地知道

自己不該知道」的事。這類似奧維爾在1984裡所說的「雙重思想」。人們清楚地知道，某些事情是不應該知道的。人們記住某些事情，目的是為了徹底遺忘。人們看到解放軍在廣場上殺人，但人們必須告訴自己沒有看到；人們在私下清晰地記住這個畫面，為的是在公共場合徹底地將它遺忘。人們完全知道法輪功是中共當局不想讓人們知道的事情，無論什麼方面；所以人們清楚地知道自己「不知道」關於法輪功的一切。人們「不說，不看，而且不問，此後，再不好奇。」

人們知道，談論法輪功本身就是一件太可怕的事情。2007年我在代理王博案時，就深刻體會到那種恐怖。法庭內外，空氣裡彌漫著敵意和恐怖。開庭後我被四個法警抬著扔到石家莊法院大門外，街上戒備森嚴，死一般寂靜。這種恐怖氣氛，明顯比代理其他人權案件時要強烈。可以想像當我們在互聯網上公佈精心研究的辯護詞《憲法至上、信仰無罪》時，當局的震驚和惱怒。辯護詞徹底否定了當局迫害法輪功的合法性、揭露了當局粗暴踐踏宗教信仰自由的罪行。

對法輪功的迫害是常人難以想像的。這些酷刑的細節和施惡者的兇殘邪惡，太恐怖、太超越人類底線以致常

常被認為是不真實的。「真的嗎？」「這可能嗎？」人們的第一反應是充滿懷疑。對早期蘇共罪行的報告被斥為是「里加謠言」，對納粹屠殺的早期披露被說成是猶太人的歇斯底里。「這可能嗎？」是很多人的第一反應。這正是可怕的地方：最應該被人類正視的、最殘酷的真實，聽起來卻不像是真的。

直接面對真相需要勇氣。伊森·葛特曼（Ethan Gutmann）寫了一本關於揭露法輪功被迫害真相的書名為《屠殺（Slaughter）》，資深記者諾丁·格爾（Jay Nordlinger）在為此書寫的書評中承認，因為事實太過可怕，讀起來非常艱難，「我承認我跳過了一些章節，也不忍看一些照片。」我至今仍記得，在讀到高智晟公開信時所產生的不安、沮喪、驚恐和企圖否認。

這正是人性掙扎的關鍵時刻。正如面對奧斯威辛。奧斯威辛讓人們不安，讓人們的正常的生活、正常的思維和情感受到劇烈衝擊。為了心理上的安慰，人們更願意把這類事件當成人類文明或歷史常規的一個例外，一個可以忽略的低概率事件。只有把它們排除在思考之外、排除在現實之外，人們才感覺到踏實，周遭的事物才可以把握和理解，生活才可以心安理得地繼續下去。

但總得有人正視這些，正視這些極端的邪惡和極端的苦難。不要說這並非人類文明的偶然分叉，就算是，也是人類必須面對、必須重視和反思的嚴肅事件。經受了心理或情感的巨大震盪，我們的心靈會變得更加強大。這些邪惡和苦難不會因你的無視而不存在，恰恰相反，人們的無視是作惡者日益囂張的條件。

有時候需要的只是傾聽自己的內心的聲音，或者對周圍事物的一點反思或好奇。有個朋友跟我講過這樣一件事：他大學畢業要從山東去廣東找工作，但是工作單位要求他開具「沒有犯罪記錄、沒有修煉法輪功證明」（辦護照、找工作等往往要求開具這樣一份證明，我本人也開過。）他從沒聽說過法輪功是怎麼回事，更不明白為什麼要證明自己沒有修煉法輪功。於是就「翻牆」搜索，然後，他就覺悟了。

但公開說出真相，這一看似簡單的道德要求，卻並非易事。不但要冒著遭遇有權力者鎮壓的風險，而且將面臨周遭「沉默的大多數」看得見和看不見的巨大壓力。說出真相會讓邪惡大白於天下，會傷害一些人的切身利益；說出真相會彰顯沉默者的不道德，會打亂人們希望維持的安全、甜蜜的生活節奏和心理想像。人們喜歡心靈雞湯、催

眠曲和春節晚會,不喜歡血淚、恐懼和死亡,但越是在這種環境下,說出真相越可貴,越具有重要的社會意義和人性意義。在沉默流行的地方,在專制和謊言橫行的時代,說出真相不但是反抗的開始,而且是反抗的核心。

　　某些宗教信徒具有一種信仰的自我優越感,不願意承認其他信仰的平等地位;有些無神論者具有智識上的自我優越感,覺得信教者不夠聰明。法輪功學員被當作敵人、邪教徒、病人、瘋子、被洗腦之人、不可理喻之人,這種看法可以減輕行惡者的心理壓力,或者減輕沉默者的道德責任。有人更把責任推給法輪功受害者自身。這和把天安門屠殺的責任推給手無寸鐵的學生市民一樣,是顛倒因果。

　　法輪功學員雖然很善良,但也不無缺點,我曾向他們當面提出過批評,有些學員有不容批評的傾向,這也許和所處的極端環境有關,但這是最值得警惕的地方。同時,他們自己是宗教不寬容的巨大受害者,因此應該以更寬容的態度去對待批評者。此外,法輪功學員所辦的媒體的專業水準有待加強,有時把時事新聞、教義和一些傳言同爐冶之,顯得不夠嚴肅。雖然有時候傳遞資訊風險很高,或者為了保護有關當事人只能採用匿名或者化名,但仍需仔

細確認，避免任何誇大的描述，以免傷及媒體自身的權威性。我曾直率地向他們指出，法輪功學員受到的迫害和所受到的國際關注完全不成比例，他們必須考慮改進媒體的策略及加強專業性。

但是，這些完全不構成對法輪功所受迫害保持沉默的正當理由。我接觸的法輪功學員都非常友善、堅定、熱愛生活，即使是飽受迫害也心無仇恨。不過這不是問題的核心。就算對罪犯、「壞人」，這種大規模的任意羈押、羞辱、酷刑、摘取器官，也明顯跌破了人類文明的底線。文明並不體現在如何對待「好人」，而是體現在如何對待所謂的「壞人」、「異端」、「瘋子」、「脫軌者」。

談到中國，人們看得見的、津津樂道的，是金碧輝煌的摩天大樓、鼓起來的錢包、高速公路、奧運金牌、孔子學院。但還有一些事實對於理解我們生活於其中的歷史和社會更加重要，卻因為太過血腥恐怖、太讓人們心理不舒服而被有意無意地掩藏，或遺忘。包括西藏、新疆、法輪功、黑監獄和六四屠殺等等。江澤民、周永康和610機構的反人類罪行當然是迫害法輪功的罪魁禍首，但世人的沉默，這可恥的共謀，同樣負有不可推卸的道義責任。無論如何，沒有數以億計的人參與到這「沉默的共謀」之中，

法輪功問題不可能成為全世界範圍內幾乎是最大的「房間裡的大象」。

威塞爾（Elie Wiesel）說奧斯維辛「不僅是一個政治事實，而且是一個文化事實」，是「非理性的蔑視與仇恨的頂點」。對法輪功的迫害同樣如此。納粹的大屠殺真相已經大白於人世，作惡者已經受到懲處，人類對此進行可貴的反省。而中世紀的異端裁判所和納粹時期的集中營在今日中國仍然橫行。法輪功所遭受的迫害還在繼續，作惡者仍逍遙法外而且繼續施暴，人們視而不見、聽而不聞、知而不言的沉默、冷漠，仍在成為暴行的共謀！這沉默和冷漠必將被歷史所記錄，人類也正在為此付出代價。讓我們再次發出馬丁·路德·金的警告：「我們看到真相卻一言不發之時，便是我們走向死亡之日。」

害人害己的中共
「紅色」資本主義流氓經濟

吳惠林

「和諧社會」是幸福人生的社會，這個道理連中共領導人也懂，因而創造和諧社會就成為施政目標。那麼，和諧社會究竟是個什麼社會？

和諧社會的真義

顧名思義，「和」乃「禾」和「口」兩個字合體，意即「每一張口都有飯吃」；「諧」則為「言」和「皆」兩字之組合，也就是「人人都有言論自由」之意。要人人都有飯吃，非得實施「自由經濟或私產經濟或市場經濟」不可，而「每個人都有言論自由」的社會，乃自由民主體制的社會。

　　人類在近百年的實驗之後，已證實共產體制的社會不是和諧社會，非得向「經濟自由」和「政治自由」的道路邁進不可，問題是：兩者一起來，或有先後次序之分？前者需要付出「極大的短痛」，因而後者最常被採用。那麼，「經濟自由」和「民主自由」何者為先？物質生活畢竟最直接，因而經濟自由在先，而後才進行政治自由，而且不乏成功例子，如臺灣和智利就是。中共的改革也是採用循序漸進的方式，亦即先經濟改革且採漸進緩慢方式。

　　眾所周知，1978年底鄧小平實施「放權讓利」政策，與蘇聯、東歐諸國由共產倒向私產，早期成效卓著，而實際主導者是趙紫陽。由中國1980年代初期流傳甚廣的「要吃米，找萬里；要吃糧，找紫陽」順口溜，也可鮮活反應出趙紫陽在經濟事務上的能耐。1975年趙紫陽出任中央四川省委書記，中國農村由於文革而民生凋敝，趙紫陽乃「放鬆」政策，允許農民自行種植經濟作物，恢復家庭副業和自留地，推動「包產到戶」等改革，農民種糧誘因大增，蜀糧年年豐收。趙紫陽推動農村經改獲得中共元老鄧小平等人賞識，在1980年代初出任國務院總理，與同樣開明著稱的中共總書記胡耀邦，形成在鄧小平主導下的「胡趙體制」，大力推動中國的經濟和政治體制改革。大致

上，經改由趙紫陽擔綱，他將在四川實施成功的改革開放用於整體經濟。

趙紫陽經改的困境

簡言之，趙紫陽的改革就是走向「私產體制」，但由公產到私產並非一蹴可幾，不論是理論、觀念的建立和傳布，或是實際上眾多既得利益者的阻攔，都是重大課題，而趙紫陽又只有中學教育程度，且活在共產體制裏，更讓人懷疑其是否真有能力擔任改革的重責大任。不過，就在1988年9月19日下午，也是中國經改近十年之久，趙紫陽和當代自由經濟泰斗、1976年諾貝爾經濟學獎得主、2006年11月去世的弗利曼（M. Friedman, 1912~2006）對談兩個小時「中國經改問題」之後，全球聞名的華裔產權名家張五常教授竟評論說兩人的觀點「大同小異」，這的確讓人驚奇。

為解此迷惑，我們換以弗利曼夫婦對趙紫陽的評述就可清楚、明白，他們在訪問趙紫陽之後，當年聯名寫給親友一封十多年來沒有寫過的「聖誕信」，信內對趙紫陽的評述是這樣的：「 對這個帶領中國走向較多地依靠市場運作的人及其智慧，我們有極為良好的印象。他對經濟問題

有很深入的認識，而且有決心擴大市場的範圍，願意試驗與學習，虛心地聆聽他人的建議和意見，而在此同時，他又要維護共產黨的最高權力－－要是他能成功的話，這就是很妙的技巧了。目前，他遇到一些真實的困難：主要是通貨膨脹的加速會把經濟改革的步伐阻慢了。」

準此，趙紫陽在中國早期的經改的確是有成效，但由於他要維護共產黨最高權力，明顯與擴大市場範圍扞格，其遭逢改革困境是必然的，而張五常也憂心會走向印度早年的「分類管制」之路。於今觀之，果然！因為趙雖在1989年六四天安門事件後被軟禁，但其漸進式且在維護共黨最高權力的經改路線仍被執行，矛盾終於產生，於是「體制性貪腐」及「後發劣勢」局面赤裸裸出現。

「六四」、「四二五」兩次中國民主化契機

「六四學生運動」其實是中國實現民主自由政治體制的一個轉捩契機，可惜趙紫陽迷信「（共黨）體制內改革」，不敢反抗鄧小平、李鵬、江澤民這些人主導的鎮壓行動，只有含淚勸說學生們解散，之後的場面是坦克輾壓學生、血流成河，趙紫陽也從此被削權、軟禁，而中國的民主化終究功虧一簣！六四事件引發全球公憤，各國紛紛

祭出經濟制裁，讓原本就遭受改革困頓的中國經濟更雪上加霜。在發展受阻下，下崗者日眾，社會問題也接踵而至。1992年「法輪大法」洪傳，迅速地化解難題，中國人民爭先恐後地學煉，數年間人數竟上億，修煉者凡事向內找，實現「真善忍」，化戾氣為祥和，將下崗者眾可能衍生的各種社會問題化解。1999年「四二五」中南海向高層講真相的和平請願活動，間接形成另一次共產中國轉向民主自由的契機。

4月25日當天，約有一萬名來自四面八方的法輪功修煉者為了一些同修被抹黑、關押、群聚在北京中南海「上訪」，他們以寧靜祥和的心態，以及對政府和人民負責的態度，展開中國歷史上第一次完全和平的、大規模的、為了「人權」的講真相請願活動。

隊伍雖然很長，但很安靜、非常祥和，當時的國務院總理朱鎔基接見了法輪功請願代表，合理回應了申訴後，學員們便秩序井然的解散返家，現場且清潔乾淨，沒有留下一張紙屑。

這件神奇的事讓當時在場的國外媒體如CNN等均指為1989年天安門群眾事件後，中國第一次的大規模群眾請願活動，並一致肯定這場和平的上訪活動，且對中國的民主

寄予厚望。許多外國政府領導人和觀察家們都認為此一事件是令人敬佩的，它展示了人民申訴和政府回應的良好模式，可說是中國第二次邁向自由民主體制的機會。可是，往後的發展卻令人詫異且深深痛惜和遺憾，因為事件竟然被反轉抹黑成「上萬法輪功學員，包圍中南海」。

鎮壓法輪功釀下巨禍

中共於該年7月20日展開鋪天蓋地的「血腥鎮壓法輪功」，不但中國和諧社會成鏡花水月，為了鎮壓法輪功，成立610辦公室且砸重金誘使公安，甚至全國民眾舉報法輪功學員，並予以關押凌虐，乃至活摘器官盜賣，再加上為掩蓋血腥鎮壓的真相，對新聞媒體監控、成立陣容浩大的網軍抹黑造謠，並以經濟利益堵住西方政客的嘴。如此需耗費龐大人力物力，需要GDP高度增長來創造龐大經濟利益，於是人為壓低生產成本製造低廉劣質有毒產品出口，一來中國血汗工廠林立；二來廉價商品輸出帶動全球「通貨緊縮」；三來耗用自然資源，掏空全球資源且使能源等價格揚升，引發全球「輸入性通膨」；四來壓低出口品價格賺取巨額外匯，不但中國通膨，泡沫金錢遊戲熾熱並引發全球金融風暴；五來耗用自然資源致使環境危機、空氣

污染霾害嚴重；六來廉價有毒商品毒害全人類；七來金錢威逼利誘全球政客致人權自由遭受戕害；八來爭權奪利、貪婪欺騙成風、倫理道德沉淪敗壞。

這些「中國高檔成長率」所帶來的弊端早在千禧年伊始就受到嚴重關注。撇開中國高成長數據的真假，就接受高成長來看，在極權國家是可以消耗、浪費資源的方式來達成，2008年諾貝爾經濟學獎得主克魯曼（Paul Krugman），在1994年《外交》（Foreign Affairs）雜誌發表的「The Myth of Asia's Miracle」（亞洲奇蹟的神話）一文中，就明白指出共產國家成長快速係由投入要素的擴增，而非每單位投入的產量增加，最後會導致報酬遞減，成長將會趨緩，且幅度會很大。千禧年以來，以「外強中乾」、「海市蜃樓」、「金玉其外，敗絮其中」、「即將崩潰」等形容詞描繪中國經濟發展現已到處可見。

我們知道，中共最著名的是「人海戰術」，在經濟成長上就是剝削勞工、壓低工資。其後果是造成全球「通貨緊縮」（生產過剩、價格低、品質差），由此引發外國不滿，出現抵制、報復甚至發生暴動，如2004年9月西班牙火燒中國鞋就是一個顯例。

廉價黑心產品毒害世人

雖然是發生在西班牙，相信全球不少地區民眾心有戚戚焉，即使連美國這樣的世界第一經濟強權，也都感受到中國「低價」產品的威脅。就在2004年9月間，已故的1970年諾貝爾經濟學獎得主，當時已高齡89歲的薩繆爾遜（P. A. Samuelson,1915~2009），還在「美國經濟學會」（AEA）發行的季刊《經濟觀點期刊》（Journal of Economic Perspectives）上發表論文，以「辯解謊言」（polemical untrutn）指斥當前流行的「外包或委外」（outsourcing）生產方式，而「中國鞋」等廉價商品就是「外包」的成果，對於美國國內的低階勞工造成損傷。

如果中國工人都是在自由意志下，自願在低薪、不良工作環境下為餬口三餐甘願賣命工作，還情有可原，以「剝削勞工或傾銷」罪名指控也大有商榷餘地。但中國是一個威權體制，人治的國家，廣大勞工的被強制剝削在所多有。舉臺商林墾1992年成立的「蘭州正林農墾食品公司」臺資企業為例，外銷多國的獨家首創AAA級手選大片瓜子，竟然是強制約一萬名在押人員，以嘴磕、手剝的剝削方式生產出來的。這些無酬奴工在冬天露天放風場，手被凍傷、磨破，手上疥瘡淌著膿血滴在瓜子上，牙被嗑掉

或磕壞，指甲整個被剝掉。

2007年6月28日外電報導，繼輪胎、牙膏與玩具火車後，五種中國人工養殖水產也因被發現含有危害人體健康的抗生素，而被美國列入有毒與問題商品名單。這項措施涵蓋所有中國進口的養殖鯰魚、巴沙魚、蝦、鰈魚和鰻魚。值得注意的是，有關中國輸出含毒食品和其他各類有毒物品的報導此起彼落，而且不只是某一地方的事件而已，它已經逐漸遍及全球，形成另一類的「全球化」現象。不少西方媒體甚至評論說，作為世界加工廠的中國，其有毒商品已經構成「另類中國威脅」。

關於中國有毒食品泛濫的禍害，一則在網路上流傳的笑話就一針見血地表明：「有一個農民買了顆粒飽滿的稻種，種下去卻不發芽，原來是被煮熟了的假種子，他氣不過服毒自殺，誰知農藥是假的沒死成。妻子為他死裡逃生買酒來慶賀，結果遇上毒酒雙雙喪命。」

全球資源浩劫何時了？

在「毒物」被發現之前，對於中國經濟的崛起，當全球幾乎一面倒的予以正面肯定評價報導之際，其實已有不少負面的警示出現，但受到極度忽視。例如：中國經濟成

長率愈高，標示著全球寶貴資源被掏空的速度愈快（因為用的是不計成本、耗用資源的生產方式）、中國社會所隱藏的社會問題也愈見惡化（奴工現象、貧富懸殊普遍和加劇）；中國經濟崛起所賺取的金錢利益，正被中共當局作為威逼利誘的工具，不但以經濟利益換取高科技產品和逼迫雅虎等公司，協助中共在其國內進行更嚴密的監控，致中國人的言論、人身和政治自由不進反退，而且以龐大的經貿利益籠絡、收買各國政要，讓國際對中國的反人權、反自由行動視若無睹、裝聾作啞，甚至成為幫兇；最可憂慮的是，中國經濟崛起賺得的大把鈔票已形成聲勢浩大的「泛濫游資」，正肆虐其股市、房地產，而偌大泡沫金錢遊戲所隱含的經濟大海嘯正伺機荼毒全人類。

另一方面，中國經濟成長快速對全球環境和自然資源的衝擊，也早已引起世人的關注，2005年10月19日綠色和平組織公布研究指出，中國已是當今雨林破壞的最大驅力，數據顯示，每十根熱帶硬木中，有近五根是運往中國。除了砍伐森林是中國經濟崛起衝擊全球環境的一個面向外，中國在穀類、肉類、煤鐵的需求量已超過美國，成為全球最大消耗國。這個訊息告訴我們，中國經濟成長愈快、掏空全球資源的速度也愈快，除非趕緊改變發展模

式，否則人間的天災人禍將更大、更頻、更廣。

除了出口產業外，中國境內的大規模建設更是極盡耗用資源之能事，特別是公共建設，官商勾結、貪污舞弊，而且產品使用率低，外表美侖美奐的高樓大廈，使用率卻極低。值得提醒的是，這些金額龐大的公共建設，對GDP是正貢獻，也支撐著高經濟成長率，但「供給過剩」或「過度投資」或「需求短缺」現象卻留下嚴重後遺症，長期將是還不起的龐大債務和閒置無用、浪費的建築。

如果依照目前中共指令式、耗用資源方式發展經濟，由現今局勢看，已經抵達臨界點，中國刻正與各國爭搶資源已反映出其「報酬遞減」的赤裸裸現實，而成長大幅下落的日子已不遠，這不但衝擊中國及其廣大人民，也將波及全球，讓全球人類都受害。因此，為了全人類的福祉，我們期盼中國經濟發展模式立即改弦更張，唯有真正邁入「民主、自由、市場」的自由經濟體才可救藥。

說到底，除非中共倒臺、解體，紅色資本主義成為純正的資本主義市場經濟，且民主中國早日實現，否則全人類的天災人禍將日益嚴重，毀滅不是不可能的呢！

第三部份

醫學

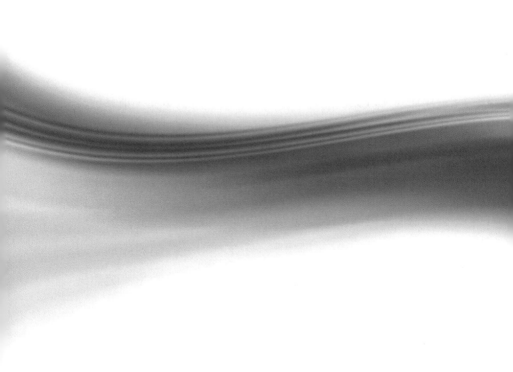

強摘器官背後的
空前罪惡：精神死亡
或肉體死亡的抉擇

托斯坦・特瑞

空前的罪惡與荒唐的醫療行為

　　人類的尊嚴、生存的權利與基本人權，是世界各地人們都接納的觀念。醫療專業致力於服務人類，使其自疾病中康復，成功的醫療，則幫助延續病患的生命，這是醫療專業的使命。醫師誓詞裡有著不傷害（do no harm）原則，因此，中國的醫療專業者參與了以獲取器官為目的，而終結良心犯生命的行為，是很令人震驚的。這既是為了商業利益而進行器官移植，也是迫害的手段。

　　中國在1984年通過了一項法律，允許使用死刑犯器官，但直到1999年之後，中國的器官移植數量才突然飛

漲。移植的器官從何而來？在數百萬名精神信仰者與少數
種族成員成為被迫害、被放逐，與非人化處置的對象之
後，這個1984年通過的法律，將獲取器官的來源，從死刑
犯身上，擴展到一個更大的器官供應庫：良心犯。簡而言
之，中國的移植醫學成為一個荒唐的醫療科別：提供人們
健康照護，竟是經由強行終結另一群人的生命，這在醫療
上是無法理解的。

　　自2006年起，調查報告與公布的證據指出，被迫害的
法輪功精神運動的修煉者，成為被強摘器官的主要對象。
五年內，有三本書問世，從不同的角度探討此議題：《血
腥的活摘器官》（Bloody Harvest, 2009），《國家掠奪器
官》（State Organs, 2012），《大屠殺》（The Slaughter,
2014）。調查員彙整的雖然多是間接證據但是內容令人信
服。自2006年大衛·喬高與大衛·麥塔斯的第一份調查報告發
布至今，國際上對中國移植中心的實地調查仍未落實。直
到現在，中國仍未能對被指控的證據做出適當的回應。

　　相反地，《中國醫學論壇報》[1]在2014年11月，引述何
曉順教授在新聞發布會上與黃潔夫教授討論進一步調查的
議題：「當我們把大門敞開，讓國際學者前來調查，這些
謠言（關於不道德摘取器官）會不攻自破。」但黃潔夫教

授表示：「目前還不是時候。」如果目前還不是時候，那他們等待的是什麼？

試圖欺騙

2001年6月27日，中國的王國齊醫師在美國眾議院的國際運作與人權小組委員會（Subcommittee）舉行的聽證會中作證指出，中國移植器官的來源，取自於被處決的死刑犯[2]。2001年6月29日，《紐約時報》引述中國外交部發言人章啟月的話，指王國齊的證詞是「聳人聽聞的謊言」，並且是對中國的「惡意中傷」。她說，中國移植器官的主要來源是公民的自願捐獻。

2006年，英國衛報（The Guardian）的報導稱：去年12月（2005年12月於馬尼拉），中國衛生部副部長黃潔夫首次以官方聲明承認，中國以死刑犯做為移植器官的來源[3]。2006年11月，黃潔夫在廣州再次聲明，中國的器官絕大多數來自於死刑犯，只有少數為車禍死亡者。基本上，黃潔夫已經證明了章啟月的發言是錯誤的。

2007年，北京奧運的前一年，在哥本哈根的世界醫學會（World Medical Association, WMA）年度大會上，世界醫學會與中華醫學會（Chinese Medical Association, CMA）發

表了一份協議。中華醫學會宣稱，死刑犯或其他被監禁者的器官絕不能用於移植，除非器官接受者是他們的直系親屬。[4]中華醫學會副會長暨秘書長吳明江在給世界醫學會的一封信中提到：「我們達成一個共識……死刑犯或其他被監禁者的器官，絕不能用於移植，除非接受者是他們的直系親屬。」

　　然而，2007年之後中國報告的移植案例仍高達每年一萬例。2012年，《華盛頓郵報》引述中國衛生部的聲明說「每年執行一萬例器官移植」，而且，65%的移植案例使用死刑犯的器官。2007年之後，數以萬計接受器官移植的病患都是死刑犯的直系親屬。這是不太可能的事情。

　　2009年，《每日電訊報》引述黃潔夫所言，稱死刑犯「絕對不是移植器官適當的來源」。[5] 2013年5月17日，美聯社引用黃在一場北京的會議中的發言說，取用死刑犯的器官是「利益驅使的，不道德，且侵犯人權的」[6]。但是在三天後的2013年5月20日，黃在接受澳洲ABCTV的採訪中，談及以囚犯做為器官來源時說：「你為什麼要反對？……我不反對使用死刑犯捐獻的器官，如果他或她已經自由地表達出那是他最後的意願。」[7]在2012年3月，黃潔夫說，中國將會在三到五年之內建立一個器官捐獻系統，

並且終止對死刑犯器官的依賴。[8] 八個月後的2012年11月，黃說，「中國將在一至二年內結束對死刑犯器官的依賴。」[9] 接著，在2014年3月，黃又再次聲明：「死刑犯也是公民，我們沒有剝奪他們自願捐獻器官的權利。」這表明了中國將繼續使用囚犯的器官。他也說，死囚的器官一旦納入中國「人體器官分配與共享計算機系統」，就屬於公民自願捐獻，不再存在死囚捐獻這種說法。[10]

從2001年到2014年，中國官方一再地針對移植器官的來源，發表自相矛盾的聲明。這種反覆無常的說詞，誤導並欺騙了西方國家，導致西方認為中國的承諾和保證既不可靠也不值得相信。基於這樣的背景，黃潔夫說，「現在還不是時候」並不令人感到意外。中國只是在拖延時間。

中國反覆無常的說詞並不是巧合，而是有意的。企圖混淆，對於被低估的強摘良心犯器官黑幕，轉移焦點，以阻擋國際社會對於調查與檢查中國醫院的嚴正要求。任何對於國際調查的延遲，都延誤了我們的專業要求：停止醫療濫用。而這個延誤的代價是人的生命。無疑地，西方組織與政府確實展現出耐心，但是在王國齊醫師提出證詞之後的14年幾無作為，已經有超過15萬個器官，從差不多等量的囚犯和良心犯身上被取走。

被迫放棄信仰造成精神上死亡，或者為了移植用器官而被迫犧牲生命、肉體死亡，這並不是虛構的小說，而是發生在中國法輪功學員身上的現實。當加害人給被害人精神死亡或是肉體死亡二擇其一的時候，在自由世界的人士可以選擇採取行動或是選擇視而不見。今日中國這種「食人族式器官移植」（transplant cannibalism）是空前的，因此我們也需要採取空前的行動。

其中一個行動，是非政府組織——「醫師反對強制摘取器官組織」（Doctors Against Forced Organ Harvesting, DAFOH）的建立。DAFOH專注於移植醫學的其中一個議題：非自由、非自願情況下的強摘器官。在這個議題中，為獲取器官而故意造成「捐贈者」的死亡，撼動了醫學的基礎，而醫界絕不可再默不作聲。

呼籲終止為了器官殺害生命並非干涉他國內政，而是道義責任

一個國家如果在法院開庭前判決就已經定案、禁止辯護律師為被求處死刑者辯護，並且法院允許處決後摘取器官，這根本沒有法治可言。而「處決後摘取器官」一詞應該改為「國家批准的為器官殺人」。我們有道義上的責任

來呼籲移植醫界停止參與此一惡行。

值得注意的是，自從（中共）開始迫害法輪功之後，四年內中國的器官移植案例出現了指數式的增長。為甚麼法輪功修煉者遭受這種惡行？法輪功學員依照宇宙的特性：真、善、忍，致力於修煉他們的心靈來成為一個好人。這些修煉者，在1999年7月後，竟成為被洗腦、強迫勞動和酷刑的對象。在中國各地都有法輪功修煉者被酷刑致死。

如果用一些時間來檢視法輪大法信息中心網站（www.faluninfo.net），就可以了解迫害的野蠻程度。這基本的問題是，人一旦被剝奪了生而為人的尊嚴，生存權和信仰權利，那麼他將一無所有。對於加害者而言，酷刑致死與殺死良心犯摘取器官是一樣的，除了一點：後者可以把數以萬計良心犯的屍體轉換成數十億美元的金錢利益。

2006年，「麥塔斯與喬高的調查報告」揭露了這個不可思議的罪行。過去幾年的調查得到了許多證據。大部分的證據是屬於間接證據，每一件證據就像是一片小塊拼圖。就像拼圖一樣，愈多小片拼圖組合起來，真相就愈明白可辨，而指控就越不模糊。如果只因為少了最後五至十片小拼圖，就拒絕承認真相，這等同於視而不見。一開始

喬高與麥塔斯報告有17項證據，三年後他們出版的《血腥的活摘器官》（Bloody Harvest, 2009）就提出了50多項證據，之後每年都有新的證據被提出來，並且有新書發表。而中國官方的反應依然是迴避的。官方提出一系列的聲明及承諾企圖來轉移人們的目光，而不是開放國際社會來檢視以證明清白。這欺騙的手段成功的阻止了國際社會對於調查中國的醫院及看守所的呼籲。

　　DAFOH在2014年的前導研究中調查了中國勞教所對於被關押的法輪功學員廣泛地進行健康檢查的現象。這些勞教所本質上就是要剝削他們的勞力。然而，根據報告蒐集的證詞顯示，勞教所中被拘留的數萬名法輪功學員被強制施行昂貴的醫學檢查。[111]這些修煉者被強行檢查並且未被徵詢同意。當被關押的法輪功學員被送進勞教所，竟例行性地被強制抽血檢查。這些昂貴的檢查包括血液、尿液檢驗、X光與超音波。如果這些檢查是為了關押者的福利，為什麼不簡單地提供乾淨的食物及飲水、乾淨的房間以及少於一天17小時的強迫勞動？這些昂貴的檢查可以經由器官移植的收入來攤平，而且有助於提供足夠數量的器官。

法輪功與中國共產黨背道而馳

為什麼法輪功沒有違反任何法律，也沒有造成任何傷害，卻被迫害？法輪功被迫害以及隨之而來的被強摘器官，是因為他們修煉的是真、善、忍的美好原則。法輪功是與中國共產黨背道而馳的：

法輪功信仰真，而中國共產黨的統治本質是造假，宣傳與欺騙。

法輪功信仰善，而共產黨鼓吹階級鬥爭，沒收田產，高壓的統治。

法輪功信仰忍，而中國共產黨會懲罰意見或思想與其不同者。

法輪功學員在中國行使公民不服從的唯一訴求在於自由地信仰真，善，忍，並自由地習煉五套功法動作。在中國以外，這並不被認為是公民不服從，而是對社會寶貴的、值得稱道的貢獻。在這方面，要回答為什麼法輪功在中國被迫害和被強迫摘取器官的問題，人們可以看看亨利・大衛・梭羅（Henry David Thoreau）給的答案：「如果政府不公正地將任何人投入監牢，正義之士的真正棲身之地就是監獄。」[12]

在中共極權下，法治不存在，法院的判決在開庭之

前就已經決定了，想要找到正義之士，在監獄裡比外面更容易。自1992年以來，法輪功所彰顯的是人類最寶貴的原則，並無可辯駁地在人類尊嚴和人性良善上做得比共產黨好。中共對法輪功和其他善良的自由思想家的仇恨，不是法輪功的問題，也不是這些人的問題，而是中國共產黨面對人類的問題。中共給被關押的法輪功學員的選擇：放棄信仰自由或是遭受苦難，這也是中共給人類的選擇。

為了移植器官而殺人違背了人類和醫學界所能忍受的一切。

當人的生命和普世原則受到威脅，大聲呼籲並要求結束強摘器官，不只是一個基本權利，也是一種道義上的責任。要求結束從法輪功和其他良心犯強摘器官，必需呼籲結束迫害。人類尊嚴和基本權利是無國界的，在定義上他們是人類與生俱來的。中國不斷地要求：不要干涉他國內政，這個要求的本身就是矛盾的。中國政權做出這個要求已經干涉了世界各地人民和國家的內政。

要求停止從法輪功學員和其他良心犯強摘器官的罪行是全人類的基本權利，中國共產黨應避免干涉世界各國人民的內政。對法輪功及真善忍的迫害就是對人類良善的迫害。強摘器官背後的動力是空前邪惡的，它勢必需要一

個人類前所未有的、堅定的行動來終結。這是個生命的抉擇。

[1] 中國器官移植大會官方回應外媒質疑http://www.cmt.com.cn/detail/623923.html&usg=ALkJrhj1Ume7SWS_04 UtatL3pWKYRbFxqw (last accessed Nov 21, 2014)

[2] http://waysandmeans.house.gov/legacy/trade/107cong/7-10-01/7-10wolf.htm (last accessed Nov 12, 2014)

[3] "China 'using prisoner organs for transplants'"http://www.theguardian.com/world/2006/apr/19/china.health (last accessed Nov 12, 2014)

[4] Peter O'Neil; China's doctors signal retreat on organ harvest; Canadian Medical Association Journal; 2007 November 20; 177(11): 1341.

[5] "China admits organs removed from prisoners for transplants" http://www.telegraph.co.uk/news/worldnews/asia/china/6094228/Chinaadmits organs-removed-from-prisoners-for-transplants.html (last accessed Nov 12, 2014)

[6] http://bigstory.ap.org/article/cultural-attitudes-impede-organ-donationschina (last accessed Nov 12, 2014)

[7] "Australian-trained doctor Huang Jiefu hits back at critics over ties to China organ harvesting"http://www.abc.net.au/news/2013-05-20/chinese-doctor-hits-back-atcritics-over-organ-donation-program/4701436 (last accessed Nov 12, 2014)

[8] 我國承諾將在5年內取消死囚器官捐獻 http://news.qq.com/a/20120322/001592.htm (last accessed Nov 12, 2014)

[9] 中國器官移植將在一至兩年內不依賴死囚器官捐獻http://finance.chinanews.com/jk/2012/11-21/4347626.shtml (last accessed Nov 12, 2014)

[10] 黃潔夫委員：每百萬人中只有0.5人自願捐獻器官http://news. sciencenet.cn/htmlnews/2014/3/289619.shtm (last accessed Nov 12, 2014)

[11] http://www.dafoh.org/implausible-medical-examinations-falun-gongforced-labor-camp-workers/ (last accessed Nov 12, 2014)

[12] Henry Thoreau, Civil Disobedience and Other Essays; http://www. brainyquote.com/quotes/quotes/h/henrydavid135750.html (last accessed Nov 12, 2014)

三、醫學

中國的處決式器官移植系統與國際機構的燙手山芋

柯爾克・艾里森

簡介

在中國，死刑與器官移植的密切連結，以及專業協會對此事的回應，突顯出學術專業準則與自律之間的緊張衝突。儘管並非完全擁有自主權，一些特徵賦予了專業人士在法律上的獨特地位，這些特徵包括特殊專科技能，自律（執業準則與規範），為公眾服務（包括使公眾免於被強取豪奪）[1] 等特性。因此，專業團體本身就必須對其成員的紀律有所要求，在考量對基本人權的侵害時，將怠職者剔除[2]。然而，當整個專科醫療執業模式罔顧基本人權，甚至於依賴死囚軀體做為其執行業務之「材料」時，我們究竟該怎麼回應呢？

個案

經過多年的否認後，中國衛生部副部長本身亦為肝臟移植外科醫師的黃潔夫，終於在2005年承認死刑犯是中國主要的器官移植來源[3]。然而，在中國針對法輪功的迫害（始於1999年）[4]與器官移植數量指數性上升（2004年達到高峰，如下圖）的相關性，在越來越多的醫療專家及倫理學家所確知的情況下，仍只有少數專業協會公開承認[5][6]。

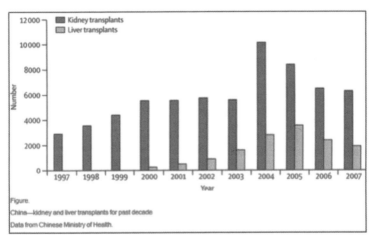

Figure.
China—kidney and liver transplants for past decade
Data from Chinese Ministry of Health.

圖：中國──過去十年之腎移植及肝移植數量（中國衛生部資料）

石炳毅教授（北京309人民解放軍醫院器官移植中心主任）聲明，移植數量在2006年達到最高峰（該年約兩萬例），而非在2004年。若此言屬實，則與中國衛生部發布

的資料相違背[7]。

　　器官源自於法輪功學員的證據，促成了歐洲議會通過2013/2981號決議（2013年12月）[8]，以及，在215位國會議員聯署下，美國眾議院外交委員會於2014年7月一致通過281號決議，關注此一持續發生且證據可信的事件，亦即在中國系統性的國家批准下，強摘非自願的良心犯的器官，包括因信仰而被關押的大量法輪功學員，以及其他宗教與少數族裔[9]。

　　中國的器官移植模式具有以器官供應者推動市場的特徵，除了移植數量增加之外，供過於求的狀況（2004-2005年），以因應高獲利的器官移植旅遊人潮[10]。在2005年，中國國際移植網絡支援中心的網頁寫著：「器官提供者可以立即被找到！[11]」那麼，誰是「提供者」呢？

　　肝移植的趨勢晚於腎移植，在2000年之前數量極少（<350），於2005年達到高峰（3500+），於2006年降至低於2004年的水平。這反映出醫院在腎移植的高峰後，投入更高獲利的肝移植市場。在2006年，中國有超過五百間醫院執行肝移植手術，相較之下，當時美國僅有一百間[12]。

　　王浩（音譯）在2007發表的時間序列研究（1993-2005年間資料）顯示，以經證實的被關押法輪功學員的死亡人

數的趨勢（1999-2005年有2,773名）來預測肝移植數量的趨勢，這在統計學上有高度顯著性（t=10.16, p<.00001）。而中國媒體發表的死刑執行數量則無此特性（t=0.57, p=.5792）。中共官方解釋「司法處決」是爆炸性增長之器官的主要來源，但該研究指出了這個官方說法以外的問題。被酷刑致死的「不受政權歡迎者」，幾乎沒有可供移植的價值；然而，一個被關押而拒絕放棄信仰與透露身份的法輪功學員可以產生數十萬美元的利益。為摘取器官預先準備的檢查，例如驗血和X光，倍增地進行著[13]。2006年，在120個對醫院，與36個對拘留所與法院的電話調查中，有19個確認該單位可取得法輪功學員的器官。許多單位以器官來源屬敏感機密為由，迴避詢問[14]。

共同的責任

鑑於中國處決式的器官移植系統在移植學科與商業上的認定，本章節檢視兩份國際組織文件和材料供應商：

- 世界移植學會（The Transplantation Society, TTS）於2006年11月6日發出的會員信函（以下簡稱「會員信函」）[15]

- 伊斯坦堡宣言——器官販運和移植旅遊（2008）[16]

- 製藥業，醫療診斷業與協力業者

除了中國反覆無常的倫理評估外，以死刑為基礎的器官移植，依其背景已被歸類為不符倫理的、不道德的、罪惡的、野蠻的，或是種族滅絕的手段。國際移植醫界基本的策略是以「建設性的介入」為主，而非與之隔絕。而那些尋求醫療市場的業者的努力與行動，是正當的，抑或是共犯行為？這與促使中國繼續這些行為不無關聯？

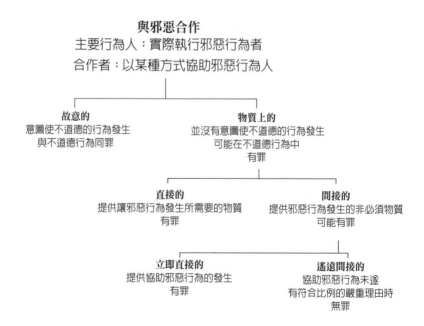

與邪惡合作
主要行為人：實際執行邪惡行為者
合作者：以某種方式協助邪惡行為人

故意的
意圖使不道德的行為發生
與不道德行為同罪

物質上的
並沒有意圖使不道德的行為發生
可能在不道德行為中
有罪

直接的
提供讓邪惡行為發生所需要的物質
有罪

間接的
提供邪惡行為發生的非必須物質
可能有罪

立即直接的
提供協助邪惡行為的發生
有罪

遙遠間接的
協助邪惡行為未遂
有符合比例的嚴重理由時
無罪

與邪惡合作？一個自發式的架構

雖然用「可恥」這個詞是合適的，但一個更有區別性的架構可以說明關聯性及罪責：「與邪惡合作」（借用天主教的分類法則）。我們也可以選用邪惡之外的詞彙，然而這個詞才可以明確顯示這些行為帶來的嚴重後果。

「合作」關乎一種行為，在此指的是獲取移植死刑犯器官。主要行為人執行，合作者從旁協助完成。合作可以開展為三個層次：故意的合作（有意的），或實務操作的（物質上的）合作；材料支援的本質（直接或間接），以及參與行為的程度（相關聯或是遙遠的）[17]。

有意的合作指的是其意圖（例如審批移植旅遊者），直接的物質的合作包括對行為有必備的完整貢獻者（例如移植醫學訓練）。間接的貢獻僅在某些情況下才參與。相近有關連的合作，是指其合作將導致該行為的完成（例如同意執行學術性的移植手術演示），遠處的合作則非本質上的協助（例如賣外科洞巾給醫院），一個人可以有意的或提供必備的物質以及兼而有之貼近的給予協助。三者兼而有之。

除非行為的本質是邪惡的，否則必需從事情的來龍去脈才能判斷其邪惡與否。所以一個行為在某種情境是善

的（如器官移植），但在另一種情境下是邪惡的（處決式的移植）。個人的意圖、行為的道德評價，以及行為的結果都起到作用。

在中國，醫生（主要的行為人）在選取移植用器官以及開刀時程的安排上，對處決的執行有著部分的影響力。（如果他並非從活人身上取得器官的話）[18][19]這裡出現了一個問題：器官的來源是死刑的副產品（「行刑後」市場，死刑的附加價值），還是為了獲取器官才去處決犯人？

TTS會員信函——經由關聯（proximity）而產生改變？

世界移植學會（TTS）是與世界衛生組織（WHO）具有官方關係的組織[20]；它的官方期刊《移植醫學》（Transplantation），在該領域中是最多人引用以及最有影響力的，雜誌的願景是「為全球移植醫學的領導提供焦點」，「發展科學以及臨床經驗」，「科學的交流」，「連續教育」以及「指導符合倫理的醫療」。TTS在一百多個國家中有6,500多個會員，舉辦兩年一次的研討會，與會者超過5,000人。

在2006年11月6日，TTS發佈三頁的會員信函，信中提到中國與其他一些國家並沒有遵照學會的政策和其倫理規

範以及學會的會員聲明。學會宣布要與WHO和中國政府當局展開工作，以「發展出一個符合TTS實務標準的法律架構」與WHO的指導原則[21]。為此，「與中國官方互動是唯一正確的途徑來達成長遠的改變」，而「改變必需源自中國的政策」，這暗示著其他途徑都是「錯誤的」。TTS更進一步為中國衛生部「新移植倫理規範」的聲明背書。

在2006年之前中國並沒有嘗試對移植器官進行中央管控。而不屬衛生部管轄，內部緊密連繫的軍醫系統，在只有少數器官提供給一般的中國人的情況下，推動了高獲利的國際器官移植旅遊熱潮。在2005年11月北京最高人民法院收回死刑覆核權之前，中國的死刑由各地方法院自行判決（不需經中央覆核），且有多達68項罪名可判處死刑，並且伴有一波波的「嚴打」運動。可判處死刑的罪名在2011年減少為55項，在2014年減少至46項。[22]

TTS的會員信函提到了四個「事實與原則」：一、中國突出的移植數量（2005年有超過11,000例）。二、「幾乎所有的器官可能都源自死刑犯。」三、「身為專業學會，TTS無法宣布中國關於死刑刑罰的醫療行為是不道德的」——儘管中國的死刑已被證實是專橫無法治的。但TTS應該說：「TTS應該對使用死刑犯器官導致猖狂的移植商業化

與移植旅遊表示關切。」四、中國衛生部意圖建立一個國家監管系統，建立（器官來源）證明文件制度，禁止器官商業化，避免器官販運與移植旅遊。建立屍體器官捐贈制度（腦死判定標準），並且以屍體和活體器官捐贈來達成國內移植的自給自足，並強烈地強調囚犯不可能在自由意志下同意捐贈。因「從死刑犯身上取得器官的金錢誘因會增加死刑犯器官來源的數量。」

對於中國，這信函歡迎任何簽署會員聲明的人成為TTS會員。執行死刑犯器官移植人員也可以參與TTS的會議（為了進行對談和倡導取代使用死刑犯器官方案）。TTS歡迎中國的科學發表與研究合作，只要其內容不包括死刑犯並符合研究倫理審查委員會（IRB）與赫爾辛基宣言之規範。在「盡可能地」不助長使用死刑犯器官的前提下，會員的教學與專業技術指導可以支援中國的研究計畫。器官移植的國際登錄系統接受經過正當註記的死刑犯器官來源（針對透明度與統計方面），而非將器官移植來源混合在一起加總後發布。

在2005年之前，中國國際移植網絡支援中心的專業技能幾乎都源自西方國家的訓練（11位外科與2位內科醫師受訓後歸國）[23]。令人驚訝的是，TTS信函竟鼓勵西方的訓練機

構接受來自使用死刑犯研究計畫的受訓醫師，只要其承諾未來將「盡可能地」遵守TTS的倫理規範。然而，有些機構的作法截然不同：2006年12月，澳洲昆士蘭的移植中心禁止對中國外科醫師作進一步的訓練與相關的聯合研究[24]。

TTS旨在不使用死刑犯器官（因此並非「有意地與邪惡合作」，而遵循其意旨的會員或申請註冊者也並非共謀），然而，TTS的學術研討會對中國提供了間接的協助，研討會內容（新的醫學技術）竟給予了完整的貢獻；訓練中國醫師則增加其執行移植的量能，無論是移植死刑犯或其他來源的器官。

TTS的會員信函有效果嗎？七年後（2014年2月27日），TTS與伊斯坦堡宣言託管小組對中國國家主席習近平發表公開信，標題是「致中華人民共和國國家主席習近平：中國對器官移植產業腐敗的對抗」[25]。信中倡議「人權文化」，敦促習近平正視仍在持續的不道德的器官移植，「以避免中國社會的墮落」，包括強迫簽署器官捐贈同意書，「移植外科醫師和地方司法人員間惡名昭彰的交易往來」，「黑箱的器官移植」，以及持續推銷器官移植旅遊。可總結為「歷時數十年的弊端」。內文中引據的倫理準則出自於2008年發布的伊斯坦堡宣言──器官販運和移植

旅遊。

伊斯坦堡宣言──器官販運和移植旅遊

2008年4月30日至5月2日在伊斯坦堡召開高峰會，針對器官販賣和移植旅遊「達成共識發表最終宣言」。「指導委員會」（Steering Committee， TTS和國際腎臟醫學會領導）提出一份工作草案。有170位人士被邀請，他們代表了不同的國家和利益。160位接受邀請（4位來自中國），152位出席。一份工作表將「管理原則和溝通計劃」分派給中華人民共和國與會者，「移植旅遊」則分配給衛生部代表趙明鋼[26]。

宣言原則6，旨在解決器官販運和移植旅遊，引用自世界衛生大會（WHA）第44.25決議案「人體器官移植」（1991）[27]。

原則6.a.要求禁止廣告、招攬與仲介；6.b.處罰相關的篩選、移植，和「援助、鼓勵或使用經由器官販運或移植旅遊所取得產品」的行為。應處罰的項目未提及藥品及其他支授，拯救了本高峰會的贊助廠商「安斯泰來製藥（Astellas Pharmaceuticals）」，該廠商是在中國最主要的抗排斥藥物的供應商。

原則6.c.提到囚犯，總的來說：「誘使弱勢的個人或團體(例如：文盲、窮人、非法移民、囚犯、政治難民或經濟難民）成為活體捐贈者的作為是與打擊器官販運、移植旅遊及器官移植商業化的目標牴觸的。」

……只提到活體捐贈者，而不是死刑犯（除非因為被摘取器官而遭殺害）。直到2008年4月，所有高峰會的與會者都知道中國器官來源的現況：每個月數百人遭到處決。然而此議題被認為不需提出，是因為中國已經做出改革的承諾？或者是被中國的代表所阻擋[28]？

在2008年TTS授予黃潔夫「主席國際獎」（President's International Award），因為「在中國器官移植的法規上有了良好的改變和進展……」[29]出人意料的是，2008年底時值黃擔任衛生部副部長負責公民的器官勸募，但他自己引用的資料顯示器官的來源仍有90%來自死刑犯[30]。伊斯坦堡宣言託管小組（Declaration of Istanbul Custodian Group, DICG）成立於2010年，主要是推動宣言的原則。它的參與者和組織者隨即公開直言中國正在進行的處決式器官移植系統的現實[31]。然而，該宣言的沉默，亦即未將其列為關注議題，這仍然是一個顯著的自我審查事件。

支援服務和既得利益

每個TTS網頁都有圖示致謝四個贊助企業：總部位於日本的安斯泰來製藥，總部位於美國的賽默飛世爾科技，總部位於瑞士的羅氏公司，和總部位於巴黎的賽諾菲。這些公司都顯著地涉入中國的移植醫學，並非對TTS政策無動於衷。

安斯泰來製藥 (Astellas Pharma)

安斯泰來製藥中國分公司指出自1999年起在中國使用免疫抑制劑Prograf®（他克莫司Tacrolimus），以防止肝臟和腎臟移植排斥[32]。在此之後，王國齊2001年在美國國會就器官摘取提出了具有里程碑意義的證詞，其中包括摘取還活著的死刑犯器官。網頁標明他克莫司Tacrolimus的使用在中國超過兩萬例，全球有兩千萬例，中國的患者約佔0.1%。這並不奇怪，www.astellas.com.cn沒有提到醫生處方和接受Prograf®的患者主要來自死刑犯的器官。

在TTS發出會員信函後，安斯泰來開始在中國藥物試驗上要求統計死刑犯：2007年3月（42例肝臟），2007年7月（240例腎臟）和2008年1月（172例肝臟）[33]。使用Prograf®研究的上海第一人民醫院在2006年3月16日曾承認

器官來源自法輪功[34]。

2011年，著名的倫理學家和移植外科醫生發表文章題為「抵制中國器官移植的科學和醫學研究的時候到了」[35]指出「製藥公司在中國繼續大力行銷，並贊助涉及移植各個方面的研究」。2011年，安斯泰來將Advagraf®（「新他克莫司緩釋膠囊」）引進到中國[36]。儘管有眾所周知處決式的器官移植，安斯泰來的目標是為壟斷，宣稱「應用於其他免疫抑制藥物無法控制移植物排斥反應」[37]。

抗排斥治療屬於挑選與殺害囚犯的下游產業，它可使器官移植的匹配標準放寬，從而增加了因配對符合而被處決的囚犯。在1999年，安斯泰來很可能不知情，但現在這樣擴張處決式移植系統是有罪的。安斯泰來可以宣布暫停在中國業務的期限並施加更顯著的壓力，而非繼續合作。免疫抑制療法與刑事處決並非在整體上緊密相關，但在支援這個透過處決取得的器官市場，卻是關係密切的。

無論哪一個公司，若能斷然拒絕此利潤豐厚的市場地位，就能使黑幕曝光，而公司的高層與股東在了解真相之後，應該可以容忍損失。

羅氏藥廠（Roche）

羅氏在中國進行的抗排斥藥物試驗，在2006年（36例心臟），2008年四月（90例肝臟）和9月（210例腎臟）[38]。其中一個羅氏的試驗包括上海交通大學醫院肝臟移植中心。2006年3月16日該中心的戴醫師指出器官在一星期內就可取得，包括取自法輪功人士[39]。

在2009年9月，阿恩施瓦茨（Arne Schwarz）詢問羅氏的法務遵循人員（compliance officer）。對方回答，「羅氏，如上所述，不負責器官供應，無論是在中國還是在世界上的任何其他國家。匿名捐贈者和捐贈者的隱私資料受法律保護。羅氏無權知道移植器官源自何處或何人」[40]。國際上的移植專業雜誌現在都要求作者提出「非處決死刑犯器官」的證明才刊登文章，羅氏為何不為？當絕大部分的器官是以不道德的方式或途徑取得時，並不能以尊重匿名與隱私為藉口規避企業責任。這不但成為此一殺人系統的共犯，而且危及許多人的生命，除了法輪功學員為大宗之外，還有其他的良心犯。

2010年，羅氏在瑞士達沃斯（Davos, Switzerland）意外收到兩個名符其實的「公眾之眼獎」，因其名為CellCept®的藥物試驗使用的器官並未核實來源。

賽默飛世爾科技（One Lambda）

One Lambda在HLA組織配型、HLA抗體檢測、移植監控和診斷產品，居於世界領先的地位。該公司在2012年藉由推出「補充現有的免疫測定，用以監測移植患者的藥物濃度」，在中國取得比美國更大的市占率[141]。其2012年年報反映了七億美元的中國銷量（增長22%），主要項目是實驗室耗材被宣稱符合中國的五年計劃所需[142]。

賽諾菲（Sanofi）

2013年總部在巴黎的賽諾菲慶祝進入中國第30個年頭，並在杭州成立具35億藥錠產能的新廠[143]。在2009年擁有了中國第一個國際生物技術研發中心[144]。收購健贊公司（Genzyme Corp.）之後，賽諾菲於2011年4月進入移植領域，包括「免疫抑制和免疫調節劑，幫助急性排斥反應的預防和治療」。它也研發抗胸腺細胞球蛋白來對抗骨髓排斥，中國骨髓捐贈計劃和資料庫隸屬於中國紅十字會之下。尚未確定器官來源是否出自於囚犯[145]。

TTS贊助商的合作（共犯）就留給讀者自行分析。

結論

在以處決式的器官移植系統對法輪功團體進行迫害的十字路口上，專業上和商業上的回應、責任和衝突，以及反思即使出自良善的動機卻成為了共犯，在此得出了一些結論以及一個更有效的回應。

即使在不道德的（在這個案例中是殺人）情況下，很難讓專業人員自認其醫療行為不具合法性，特別是為了提倡本質上良善的行為（也就是病患的康復），同樣的，即使違反道德禁忌，也很難讓公司放棄擴展它們的市場。

世界移植學會（TTS）承認對器官並沒有所謂的表面權利（prima facie right），擁有一小部分合法的器官來源並不能夠彌補大部分非法的器官來源的問題。中國僅選擇性的接受了國際「建設性的介入」（Constructive engagement）的政策，卻導致良心犯被送到醫院、外科醫師手上以及看守所之後，中國的死刑犯器官移植的執行量能增加（更多移植醫師出國受訓）並且不受阻地持續進行。

2005年夏天，法學教授曲新久（中國政法大學，北京）指出中國的「器官移植庫」並沒有取得器官提供者的同意。由於衛生官員對器官的需求還存在影響死刑判決的危險，因此他呼籲立即暫停[46]。

慎重是一種美德，必須透過符合道德的方法取得符合

道德的結果。沒有一條慎重的道路會走向不道德的結果，或是走向不道德手段的共犯之路。目前中國的醫學發展以及民眾都難以戒除對囚犯與良心犯器官的依賴。

停止對於殺人的器官摘取系統的間接支持，可能是避免成為共犯、走向行善之路最有效的方式：以強硬方式要求民眾、政治人物以及衛生官員做出選擇。

2013年前中國衛生部副部長黃潔夫等人聲稱：「提供中國人民高品質的器官移植服務是我們義不容辭的使命」[47]。如果中國民眾不設身考慮自身的器官也在其中，不去高度看重器官移植的價值，任何器官移植都不可能是邏輯上及道德上負責任的結果。

黃潔夫表示，摘取囚犯的器官是不合適、不道德、違反標準，並會對死刑改革造成影響。在2014年《京華時報》的專訪中，他提出了一個無決定性的一些口頭上的解決方法：

「死囚可以自願捐獻器官。有捐獻意願的死囚的器官一旦納入我國統一的分配系統，就屬於公民自願捐獻，不再存在死囚捐獻的說法[48]。」

中國器官分配與共享計算機系統成為一個直接又有效率的「黑器官洗白裝置」。中國的醫療系統和民眾仍然繼

續依賴死刑犯的器官，醫生成為死刑處決的共同決定者；西方機構仍助長其繼續行惡，就只有囚犯，尤其是良心犯並沒有選擇的權利。

中國器官分配與共享計算機系統研究中心主任王海波說：「問題是，中國什麼時候能夠解決器官捐獻缺乏的問題呢？我希望明天就可以停止這種做法。但這需要一個過程。很多事情是我們無法控制的。所以我們沒有辦法去給一個時間表[49]。很顯然地，基於道義責任，西方機構早該停止對中國器官移植的協助與合作。

[1] Klass, A.A., "What is a profession?" Canadian Medical Association Journal, 85(1961):698-701.

[2] Klass, p. 699.

[3] Following Chinese: family name, given name.

[4] Huang J, Mao Y, Millis JM. "Government policy and organ transplantation in China," Lancet 372(2008):1937-1938.

[5] Caplan A.L., "Polluted sources: Trafficking, selling and the use of executed prisoners to obtain organs for transplantation." In: Matas, D. and T. Trey (eds.) State Organs (Woodstock ON: Seraphim, 2012), pp. 27-34.

[6] Sharif A., M. Fiatarone Singh, T. Trey, and J. Lavee. "Organ procurement from executed prisoners in China." American Journal of Transplantation 14,10(2014):2246-2252.

[7] Xu, Y. 供體短缺是制約器官移植事業發展的瓶頸 ("Donor shortage

is a bottleneck restricting the development of organ transplantation"). Science Times, 6/15/2007. http://paper.sciencenet.cn/html/showsbnews1. aspx?id=182075. Comparative graphs: http://www.stoporganharvesting. org/quantity-skyrocketed.

[8] European Parliament resolution of 12 December 2013 on organ harvesting in China. (2013/2981(RSP)) http://www.europarl.europa.eu/sides/getDoc. do?type=TA&reference=P7-TA-2013-0603&language=EN&ring=P7-RC-2013-0562.

[9] H.Res.281 – 113th Congress (2013-2014). https://www.congress.gov/ bill/113th-congress/house-resolution/281.

[10] Wang, H. "China's Organ Transplant Industry and Falun Gong Organ Harvesting: An Economic Analysis." Thesis. Yale University, 2007. See pp. 16-18. http://organharvestinvestigation.net/events/YALE0407.pdf. Also Gutmann E. The Slaughter: Mass Killings, Organ Harvesting and China's Secret Solution to its Dissident Problem (New York: Prometheus Books, 2014), pp. 217-253.

[11] China International Transplantation Network Assistance Center, "Introduction to China International Transplantation Network Assistance Center." ©2004-2005. http://en.zoukiishoku.com. (Website down. Author's screenshot available.)

[12] Zhang Feng, "New rule to regulate organ transplants." China Daily, 5/5/2006. http://www.chinadaily.com.cn/china/2006-05/05/ content_582847.htm.

[13] Gutmann, pp. 29, 186-187, 233-237, 239-240 (also 'Eastern Lightning' Christians), 244 (Tibetan monk report), 282 (Uighurs), 320-321 (16 of 50 FG interviewees in Thailand recounting exams). 364 (indexing exam types).

[14] Matas D. and D. Kilgour. Bloody Harvest: The killing of Falun Gong for their organs (Woodstock, ON: Seraphim Editions, 2009), pp. 80-93 (example transcripts).

[15] The Transplantation Society. "To TTS members," 11/6/2006. [No longer on TTS website.] http://transplantation.graydesign.com.au/files/ StatementMembs-ChineseTXProg.pdf

[16] "The Declaration of Istanbul on Organ Trafficking and Transplant Tourism." Clinical Journal of the American Society of Nephrology, 3(2008):1227-1231.

[17] Archdiocese of Philadelphia. "Cooperation in Evil" [chart]. s.d. http:// archphila.org/HHS/pdf/CoopEvilChart.pdf. Typo edited.

[18] Selection lists identified by transplant tourist spouse, execution timing triggered by matching. Kilgour and Matas, 62-63.

[19] Laogai Research Foundation, Involuntary Donors: A Comprehensive Report on the Practice of Using Organs of Executed Prisoners for Transplant in China (January 2104), pp. 119-120. The report, however, does not remark on evidence of Falun Gong and other prisoners of conscience as sources.

[20] The Transplantation Society. "About TTS." http://www.tts.org/about-tts-5.

[21] Letterhead lists TTS President/Historian Nicholas L. Tilney; Director of Medical Affairs Francis L. Delmonico. Ethics Committee under Annika Tibell composed the guidelines also for consideration by Global Alliance for Transplantation organizations.

[22] AP. "China considers ending death penalty for 9 crimes," 10/29/2014. http://bigstory.ap.org/article/1c1950e80db54763ab82232d88ee7cd8/ china-considers-ending-death-penalty-9-crimes.

[23] Listed: University of Nebraska, Emory, Toronto, Hong Kong, Hanoverian University, Minnesota, Tokyo, Kumamoto, Queensland and Flinder Center. China International Transplantation Network Assistance Center, "Introduction to Doctors." http://en.zoukiishoku.com/list/doctors. htm. Update 7/20/2006. Website down. Author's screenshot available.

[24] "Hospitals ban Chinese surgeon training." Sydney Morning Herald, 12/5/2006. http://www.smh.com.au/news/National/Hospitals-ban-Chinese-surgeon-training/2006/12/05/1165080933418.html.

[25] The Transplantation Society & Declaration of Istanbul Custodian Group, "Open Letter to President of China," 2/27/14. https://www.tts.org/home-660/newletters/past-newletters/2014-volume-11-issue-1/1585-open-letter-to-president-of-china.

[26] Istanbul Confirmed Groups April 8.xls.

[27] See related resolutions at http://www.who.int/transplantation/publications/en.

[28] "The content of the Declaration is derived from the consensus that was reached by the participants at the Summit in the plenary sessions." Clinical Journal of the American Society of Nephrology, 3 (2008):1230.

[29] Kuhn, R.L. How China's Leaders Think (Singapore: Wiley and Sons (Asia), 2010), p. 301.

[30] Lancet 372(2008):1937-1938.

[31] See articles at http://www.declarationofistanbul.org/articles/articles-relevant-to-the-declaration.

[32] Astellas, 移植免疫: 普樂可復 (他克莫司膠囊、注射液) ["Transplant Immunology: Prograf (tacrolimus capsules, injection).] http://www.astellas.com.cn/?productshow/pid/197/tp/198/id/2.

[33] Schwarz, A. "Responsibilities of International Pharmaceutical Companies in the Abusive Chinese Organ Transplant System," State Organs, pp. 119-135.

[34] Matas D, "Antirejection Drug Trials and Sales in China," American Society of International Law Annual International Conference on Law, Regulations and Public Policy (LRPP 2012), Hotel Fort Canning, Singapore, July 8 [sic! 9], 2012, pp. 3-5.

[35] Caplan A.L., G. Danovitch, M. Shapiro, J. Lavee, and M. Epstein. [Same

title]. Lancet 378(9798):1218. http://www.thelancet.com/journals/lancet/article/PIIS0140-6736%2811%2961536-5/fulltext.

[36] Astellas, 移植免疫: 新普樂可復 (他克莫司緩釋膠囊) ["Transplant Immunology: New Prograf (tacrolimus extended release capsules)" .] http://www.astellas.com.cn/?productshow/pid/197/tp/198/id/3.

[37] 治療肝臟和腎臟移植術後應用其他免疫抑制藥物無法控制的移植物排斥反應。 http://www.astellas.com.cn/?productshow/pid/197/tp/198/id/2.

[38] Schwarz, p. 123.

[39] Matas D, "Antirejection Drug Trials and Sales in China," American Society of International Law Annual International Conference on Law, Regulations and Public Policy (LRPP 2012), Hotel Fort Canning, Singapore, July 8 [sic! 9], 2012, pp. 3-5.

[40] Schwarz, pp. 124-125. My trans. per German, 113n25.

[41] Thomson Reuters Street Events. "TMO – Thermo Fisher to Acquire One Lambda Conference Call," 7/16/2012. http://ir.thermofisher.com/files/events/2012/TMO-Transcript-2012-07-16.pdf

[42] Thermo Fisher Scientific. 2012 Annual Report, p. 3.

[43] Sanofi. "Annual Review 2013: Protecting Life, Giving Hope." http://www.sanofi.co.za/l/za/en/layout.jsp?scat=86ABAAB0-44B1-4769-8D9A-6BA1C270B3C5.

[44] Pharmaceutical-technology.com. "Genzyme R&D Facility, China," s.d. http://www.pharmaceutical-technology.com/projects/genzyme-facility/

[45] China Marrow Donor Program (CMDP). http://www.cmdp.com.cn/cmdpboard.do?method=showEnglish&parentId=7.

[46] Stock, O. "Transplantationsbank China: Warm Roche mit seinem Anti-immunmittel Erfolg haben wird," Handelsblatt,11/7/2005. http://www.handelsblatt.com/unternehmen/industrie/warum-roche-mit-seinem-anti-immunmittel-erfolg-haben-wird-transplantationsbank-china/2572842.

html .

[47] Huang, J., S.-S. Zheng, L. Yong-Feng, H.-B. Wang, J. Chapman, P. O'Connell, M. Millis, J. Fung, and F. Delmonico. "China organ donation and transplantation update: the Hangzhou Resolution." Hepatobiliary Pancreatic Dis. Int. 13,2(2014):122-124.

[48] Sharif, Fiatarone Singh, Trey, and Lavee, p. 4; Dailynews.sina.com. 黃潔夫：內地已有38家醫院停用死囚器 [Huang Jiefu: Mainland has 38 hospitals stop using prisoner organs.] 3/4/2014. http://dailynews.sina.com/gb/chn/chnpolitics/phoenixtv/20140304/12205515629.html.

[49] Kirchner, R. "Keine Organe mehr von Hingerichteten?" Tageschau, 4/14/2014. http://www.tagesschau.de/ausland/china2158.html.

URLs accessed 11/24/2014.

三、醫學

強摘人活體器官
——中共的移植濫用

黃士維

一、案例

　　35歲男性血液透析病患，他於2003年9月前往中國接受腎臟移植手術。當時在台灣醫師協助下，包括組織配對等術前評估都在台灣完成，隨後送到中國醫院（上海交通大學附設第一人民醫院）尋找適合器官。台灣醫師告知病患有一個HLA 3個match 的腎臟符合病患需求，因此在太太陪伴下，病患經由香港到上海第一人民醫院住院。當腎臟被送到醫院時伴隨著一管血做最後的交叉配對，但發現是陽性，所以病患無法接受這顆腎臟，以免產生超急性排斥。他因此被要求繼續等待新的合適的器官。在兩個星期中，又有另外三個適合的器官被送到醫院，但都因為交叉配對

仍是陽性，因此再度放棄。再者，病患當時只有請假三週，需要工作，所以決定先回台灣。

2004年3月，病患有一長假，再一次到上海第一人民醫院接受腎移植。台灣醫師當時告訴他找到一個HLA 5 match的腎臟。等器官到達醫院時，發現交叉配對還是陽性。中國醫師建議他換血（plasmaphresis），台灣醫師則建議他繼續等待。他於是又等了三個星期，第四個器官交叉配對才呈現陰性，他順利接受手術。病患術後一週轉到解放軍85醫院僑賓科休養。整個醫療及旅行費用大約2萬8千元美金。他說，中國醫師告訴他腎臟是從死刑犯身上偷摘的；病患因為等待而感到心慌時，醫師拿著20多張佈滿供體資料的名單安慰他說，裡面很多供體都很適合他，繼續等待一定會等到的。雖然這是一家大學醫院，可是他的移植部門是來自解放軍的醫院。病患表示在住院中看到來自韓國、日本、馬來西亞以及大陸本地人接受器官移植手術。

二、仲介（介紹病患到廣東一家醫院接受腎臟移植）

在2000到2006年，中國供應器官市場是氾濫甚至過剩的，找到一個適合器官很少超過一週。廣東這家醫院的醫師只負責器官移植手術，不負責器官摘取。這位醫師只要

下「訂單」，就會有人送器官到醫院或是醫院工作人員會拿冰桶去取器官。2006年前，醫師向上級取得器官只需600元美金（不包括賄賂的錢），這位仲介過去一直認為上級是法院。他講了一個故事，有一次，醫院工作人員搭飛機領取八個腎臟，因為遇到暴風雪，班機延遲。等器官送達醫院時，醫師檢視八個腎臟，認為腎臟品質不好，決定丟掉這八個腎臟，同時「下訂」另外八個，要求八位病患再等幾天，等新的腎臟到來。仲介表示HLA3個match是基本要求，他曾經在醫師電腦上看到一筆一筆供體資料。他過去認為，中國有死刑犯的器官供應庫，同時死刑執行時間是配合器官移植需求。仲介們都知道只有軍醫師能拿到器官，所以病患都會到軍醫院，或者移植部門是由軍醫師經營的民間醫院接受移植手術。儘管很多外國人到中國接受移植，在中國接受移植主要還是中國人，而且當時中國人只需花約8,000元美金就可以接受腎移植。同樣的，器官供應也是很快：中國醫院對中國人的移植廣告也同樣寫著，等待時間短、高成功率、器官品質好及價錢便宜。在一個沒有完整醫療保險的國家，器官移植比透析還要便宜，中國人會因為經濟理由優先選擇器官移植。此外，中國和台灣一樣，中國也是一個B型肝炎盛行的國家，對肝移植有龐

大的需求。

三、中國大陸醫院

設立在中國醫科大學第一附屬醫院的瀋陽市國際移植網路支援中心[1]，成立於2003年，是一個招攬外國人到中國器官移植的網站。網站中表示能完成如此多的移植手術是與中共政府密不可分。中共最高人民法院、最高人民檢察院、公安部、司法部、衛生部及民政部聯合頒佈法律[2]，確立提供臟器是一項中共政府支持的行為，這是全球絕無僅有的。網頁問答中還擔保器官的品質，並明確表示移植的器官不是腦死病患，更不是無心跳病患，而是「活體器官」。網站中清楚的標示移植價錢及宣傳活體器官的品質。

腎移植　US$62,000

肝移植　US$98,000～130,000

肺臟移植　US$150,000～170,000

心臟移植　US$130,000～160,000

問題：胰臟移植的器官來自腦死亡病人嗎？

答：我們的器官不是來自腦死亡病人，因為那樣的器官其

狀態可能不好。

問題：即使移植手術成功，術後存活期也不過2~3年嗎？

答：的確我們會經常聽到這類提問，但這是指在日本開展的由腦死亡者提供的屍體腎移植。在中國開展的是活體腎移植與各位在日本的醫院及透析中心聽說的屍體腎臟移植完全不同。

四、器官來源的質疑

從2000年後，中國成了全球器官衰竭病患取得器官移植手術的目的地，提供源源不絕的活體器官。中國移植中心從1999年160家成長到2005年達到600家。移植數量從1998年的一年3千例成長到2005年近2萬例[3]。世界各國的病患從台港澳到韓國、日本、東南亞、中東、歐美等國蜂擁到中國接受移植手術。世界各國到中國的數目只是冰山一角，中國民眾才是廣大的接受移植手術病患群。中國的移植醫學蓬勃發展，在各種醫學會，醫學研究，醫學合作展露頭角。伴隨著移植醫學發展的過程，在一個沒有任何捐贈分配系統的國家，這些器官從哪裡來？

在2006年之前，在台灣對中國器官移植的主要爭議不是來源，而是器官摘取方式。台灣很多醫師和中國醫師

建立良好關係，不管是公開或者私下場合，中國醫師從來不願透露器官摘取過程。台灣有很多人到大陸學醫。他們也表示器官摘取過程是台灣籍醫師被禁止的領域，但是我們知道摘取過程是很殘忍的。他們標榜的是這些供體都沒有腦死，更不是無心跳，而是活體器官。這些人大部分是注射後摘取器官，那麼注射什麼針呢？在網站上，我們也看到標榜的是品質較好的活體器官而非腦死器官。很顯然的，他不只違反死亡捐贈準則（dead donor rule)，還涉及到反人道，臨床上我們也確實發現從2000年後，腎功能延遲恢復（delayed graft function）很少見。

2013年1月，一位新疆外科醫師在歐洲議會中作證[4]，講述他親身經歷器官摘取的過程以及死刑執行模式。他表示行刑者會把子彈打在死刑犯的右胸，死刑犯倒下後，外科醫師在不施加麻醉的情況下，活生生的從死刑犯身上摘走器官。

2005 年中國前衛生部副部長黃潔夫說，95％的器官來自死刑犯[5]。但是瞭解中國司法制度及器官分配規定的人都知道[6]。在中國，死刑有兩種，一種是死刑立即執行，一種是死刑緩刑兩年。死刑立即執行，必須在接受到死刑命令後一個星期執行，這表示沒有任何死刑犯器官供應庫的可

能。另外我們也發現大部分病人安排手術日期常常是找到供體後的一到三週，甚至於可以調整日期。而死緩兩年，只要在兩年牢獄期間沒有犯其他刑法，那麼死刑就不會執行。

另外，從醫學上的角度，死刑犯伴隨著吸毒、抽煙、酒精問題及中國相對高的肝炎盛行率要如何提供大量品質良好的器官？如果死刑犯無法成為中國的器官供應庫？那麼誰是這些器官供應庫裡的受害者呢？從1999年，江澤民宣布對法輪功鎮壓以來，採取「肉體上消滅、經濟上截斷、名譽上搞臭」的三個政策。我們看到的是中共以鋪天蓋地的方式對法輪功學員進行迫害。看到大批法輪功學員失蹤，甚至未經司法審判遭到拘禁，這些人最後到哪裡去了？沒有人知道。

五、法輪功學員成了器官來源

一直到2006年兩位證人，一位記者PETER，一位中國醫師前妻安妮，出面指稱中共祕密關押法輪功學員，摘取他們的器官出售[7]。我們要問，中國如何提供大量品質良好的器官？答案呼之欲出，這些品質良好的器官來自法輪功學員。而加拿大國際人權律師大衛‧麥塔斯及前加拿大亞

太司司長大衛‧喬高的調查報告——「中共活體摘取法輪學員器官指控的報告」，提出了更明確的指證[8]。

　　直到今天，面對國際社會的質疑，中共仍然拒絕獨立公正的調查。雖然他們對國際社會承諾改革器官移植環境，停用死囚器官，但中國的移植環境到目前為止仍舊違反國際基本準則—不透明，無法溯源。所謂停用死囚的器官，最後竟是玩弄文字遊戲——稱死囚也是公民，只要死囚器官納入分配系統就是公民捐獻。從停用死囚器官變成「不存在死囚捐獻的說法」[9]。甚至於打算把器官輸出到海外[10]，拉亞洲國家替中共所謂的改革背書。如果中共有心改革，除非停止迫害法輪功，同時調查過去15年來每個器官的來源，將參與活摘器官的兇手繩之以法才是真正的改革。

六、結論

　　強摘人的活體器官是這個星球上前所未有的邪惡，而且發生在我們認為歷史上最文明，最講究人權的太平年代。歷史上曾經發生過多次信仰的迫害或是戰爭屠殺，例如羅馬帝國迫害基督徒、佛教徒在印度和中國的五大法難、中國歷史上秦始皇焚書坑儒等都是很邪惡的表現，但

是表現就是致人於死地，從來沒有一位暴君會大規模的利用醫師做為殺人工具。這是一個道德底線，如果醫師都參與屠殺人民那麼整個社會的信賴基礎也將破滅。

歷史上第一次大規模的利用醫師參與屠殺是在二次大戰期間，納粹醫師參與對弱勢人士及猶太人的迫害，在他們身上從事多種慘無人道的人體試驗[11]。這樣的行為曾令醫學界蒙羞、讓知識份子反思為何這樣的事情會發生。在紐倫堡大審中，對納粹醫師的審判列為對乙級戰犯12個審判中的第一個，由此可知醫師參與迫害對人類傷害之大。

今天我們看到強摘人的活體器官在中國的出現更是羞辱整個人類和醫學界。器官移植的出現及進步是廿世紀後期醫學的重大貢獻，我們挽救了無數器官衰竭的病人。今天，中共卻拿醫學界最驕傲的進步做最邪惡的事情，並從中牟取暴利。

強摘人的活體器官是難以想像、超越古今的邪惡，所以很多人希望他不是真的，或者他是一個少數醫師的個人行為，因為人類無法承受這樣的罪行。在無法相信活摘殘暴的罪惡以及中共的經濟利益誘惑下，很多人選擇沉默。我們難以想像在證據被完整揭露之後，21世紀的醫學史要如何撰寫？我們也很難想像我們如何對後代子孫，對廣大

的中國人交代。在中國人承受最大迫害時，當國際社會選擇了沉默，歷史將告訴我們，這樣的沉默是一個和邪惡站在一起的選擇。

[1] 為什麼瀋陽移植中心的中文網頁被刪除http://www.epochtimes.com/gb/6/4/6/n1279107.htm

[2] 最高人民法院 最高人民檢察院 公安部 司法部 衛生部 民政部關於利用死刑罪犯屍體或屍體器官的暫時規定1984年10月9日（84）司發研字弟447號

[3] 大衛·麥塔斯&大衛·喬高. 關於指控中共摘取法輪功學員器官的調查報告2007年修訂版（英文本）. 頁40–41的注釋41–45). 2007-01-31.

[4] 歐議會聽證會 聚焦中共活摘器官http://www.xinsheng.net/xs/articles/big5/2013/2/5/49177p.html

[5] 沈正彥. 高官招認 私賣死囚器官（引用英國《泰晤士報》）. 蘋果日報（台灣）. 2005年12月4日.

[6] 大陸死刑犯器官移植演變史:鳳凰週刊|封面故事|鐘堅|2013-9-24
http://www.51fenghuang.com/fengmiangushi/2411.html

[7] 蘇家屯證人揭中共活摘法輪功學員器官罪http://www.epochtimes.com/gb/14/4/20/n4135912.htm

[8] Kilgour, David; David Matas. The First Report into Allegations of Organ Harvesting of Falun Gong Practitioners in China. [27 April 2010]. http://organharvestinvestigation.net/report20060706.htm

[9] 中國2015年1月1日將停止死囚器官使用http://news.xinhuanet.com/politics/2014-12/04/c_127278077.htm

[10]兩岸建器官平台 黃潔夫：中國器官最快明年輸台 http://www.
appledaily.com.tw/realtimenews/article/new/20141219/527018/

[11]紐倫堡「醫生大審判」http://www.epochweekly.com/b5/273/10687.
htm

第四部份

法學

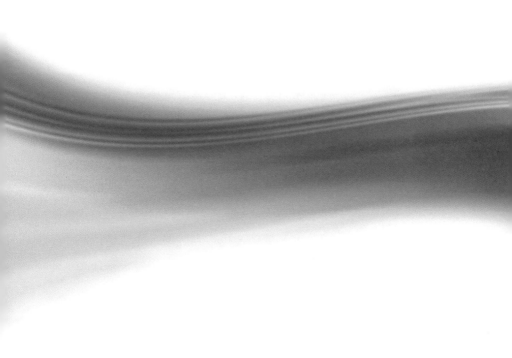

對法輪功學員被掠奪器官
而遭殺害的漠視

大衛・麥塔斯

　　世人面對法輪功被掠奪器官而遭殺害的證據的反應與該犯罪的嚴重性和證據的質量並不相稱。為何如此？

一、證據的累積

　　原因之一是檢視所有相關證據，其份量相當的多。做成法輪功是否因其器官遭到殺害的可靠結論是一項費時的工作，多數人沒有這個時間。

　　然而，這沒有輕鬆的捷徑。在法輪功修煉者遭活摘器官的現場，不是加害者就是被害者。沒有局外人。

　　因為被害者遭殺害、焚化，找不到屍體，無法進行解剖驗屍。除了極少的例外，沒有任何被害者倖存下來述說

其遭遇，而加害者不願公開、持續、詳細地坦承這場反人類的罪行。

這些犯罪的現場沒有遺留痕跡。一旦摘取器官完成後，該手術房就與其他空手術房一般無異。

如果法輪功遭到掠奪器官而被殺害的故事十秒內就能說完，那就只不過是一個簡單的故事。問題是掠奪法輪功器官並將其殺害的議題與其說是證據太少，毋寧說是過多。因為這故事篇幅足以寫成一本書，要講清楚並非易事。

二、掩蓋

時間經過越久，中國的器官移植相關資訊就越難取得，掩蓋的情況也越形複雜。我的研究經驗是，只要我引註某項中國官方資料，該資料就會消失。醫院網站上刊載等待器官只需短暫時間的廣告就不見了。公開吹噓從器官移植所賺取的金額也一樣消失了。

正式的器官移植中文價目表消失了。醫院不再告知來電者兩、三週內即有法輪功學員的器官可出售。

香港的肝臟移植註冊處過去經常發表肝臟移植的總數，現已不再這麼做了。中國的器官移植醫生過去常寫轉

介信給國外術後護理醫生，告知其病人的手術、器官來源和抗排斥藥物等資料，現在也不這麼做了。

中國政府宣稱作為器官供體的人全都是死刑犯。然而中國政府卻拒絕揭露死刑的統計數據。

我與其他人把相關參考資料均加以建檔，以便獨立研究者能看到我們所看到的。然而，源自中國官方的可取得資料卻隨著時間逐漸剝蝕消失。明顯的是針對器官來源系統性的掩蓋。

三、新型態的迫害

我們相信那些移植科技的創新者，從未料想到他們發展的技術會被用來大量殺害良心犯並出售其器官來獲取龐大利益。

1943年美國最高法院法官費利克斯‧弗蘭克福特（Felix Frankfurter）在聽聞楊‧卡思基（Jan Karski）告知其納粹大屠殺事件之後，對一位波蘭外交官作出回應：弗蘭克福特說：「我並沒有說這位年輕人說謊，我是說我無法相信他告訴我的。這兩者是有差異的。」

為摘取器官而殺害良心犯，這是一種令人作嘔的邪惡形式，即使在人類見過的所有罪孽中，仍是這個星球首次

出現。這種恐怖使得所有觀察者因難以置信而裹足不前。

四、法輪功的新興崛起

鎮壓民主運動、新聞工作者、人權鬥士、圖博（西藏）與基督運動事件比起對法輪功的鎮壓獲得更多的同情，因為它們是西方社會較熟悉的議題。而法輪功是晚近出現的，從1992年開始，是外來的，是與全球性延伸的傳統沒有明顯的連結。

對外部人士而言，法輪功的名字光在字面上就使人感到陌生。「Falun」（法輪）、「Gong」（功）在西方語言中沒有任何意義。

對中國共產黨而言，加害法輪功的犯行比起加害其他知名團體要容易得多。法輪功受害者通常是一群缺乏西方聯繫或不懂西方語言的人。而有著普世標幟的受害者，對外部人士來說，新聞工作者、人權鬥士、民主運動者，比起一個名字不為大眾所知的團體，更容易獲得理解。

歪曲抹黑不知名的比起知名的要簡單得多。當中共詆毀圖博僧侶或基督教家庭教會時，我們可以輕易了解他們在胡說。但是當中共對法輪功進行詆毀時，許多人不確定它們指控的基礎。

五、中共的宣傳

一旦中共政府決定查禁法輪功,隨之展開反對法輪功的宣傳運動。這個宣傳運動是系統的、冷酷的並遍及世界。其內容包括以全然無事實根據的陳腔濫調來合理化其鎮壓,而鎮壓的理由完全是另有原因。

煽動對法輪功的仇恨,如同其他偏執的煽動仇恨般,是具有影響力的。影響最嚴重的地方是中國,在中國這種宣傳是不容反駁的。而煽動在各地都有隱伏的效果。

中國關於法輪功的謠言混淆而抽象。許多人其實並不全盤接受中國對於法輪的宣傳,然而卻認為在諸多指控下法輪功必然有不妥之處。

懷疑論並非基於法輪功修煉中的任何真實情況,而毋寧是中國政府(中共)煽動反對法輪功下的殘餘效應。簡單明確的說,是偏見。

六、相反的利益

中國具有政經方面的全球實力。迄今中國的經濟勢力已超過了其身為主要人權侵犯者的份量。有些人為了政治與外交方面的便利,對中國共產黨的宣傳不論真假都照單全收。對這些同路人而言,只要是中國共產黨說的就行。

真假無關緊要。

　　其他人不管是否相信，他們選擇明哲保身。他們不想對與自己無關的事發聲以免傷及自身利益。

　　舉例言之，2004年駐多倫多的中國領事寫信給市議員促使他們反對一項褒獎「法輪功週」的動議。信中寫道：「若這項動議通過，將對我們未來利益交換及合作有負面影響」。市議員Michael Walker聽到上開「利益交換與合作」，指的是威脅取消加拿大出售中國的核能反應器「CANDU」、加拿大的Bombardier公司興建的西藏鐵路及中國出借兩隻貓熊給多倫多都會動物園[1]。這種威脅明顯不對稱，突顯出將動議消音對中共政權的重要性。

　　對西方的大學來說，中國政府的權力槓桿特別明顯。如果你想要瞭解中國政府，你只需瞭解中國政府如何對待法輪功。當中國政府將法輪功視為頭號公敵，方方面面不計一切的耗費人力、金錢，以及在世界各地的大使館、領事館對付法輪功的努力勝於其他一切，當中國的監獄、勞教所塞滿了法輪功學員，這種偏執行徑並未告訴我們任何關於法輪功的訊息，但卻很能說明中國政府。相較於其他議題，聚焦於中國全心全力的對付法輪功，使我們可以更能清楚透視中國政府的心態與動態。

然而，世界各國大學的中國研究部門，毫無例外地，沒有任何關於法輪功的課程、研究計劃、出版品與客座演講。世界各地的中國研究部門對於法輪功遭到迫害一事石破天驚般的沉默，即使這場迫害實質上比任何事都能說明中國政府。但在中國研究部門中，法輪功在研究上被忽略了。

這就如同物理學部門忽略研究愛因斯坦的相對論，大學的英國文學部門忽略了莎士比亞。當大學院校都漠視了中國問題的核心，很明顯的這並非出於無知，只是不想得罪中國。研究中國的學者們覺得需要與中國政府合作，至少可以取得進入中國的簽證以從事他們的研究。為了確保這種合作，他們有意規避了中國政府不希望他們關注的主題。縱使學者們有足夠的正直在法輪功問題上不與中國政府站在同一陣線，但若他們說了些什麼，中國官方會馬上震怒。為避免這種反應，他們於是沉默。

七、缺少結構

法輪功並非一個組織，它甚至不是一群人，毋寧說他是一套具有精神基礎的鍛鍊功法。

這套功法任何人都可以煉，在任何地點、任何時間都

行，雖然他們大多一天做一次，常常集體煉功，就像中國公園裡的太極或其他氣功。有興趣的人可以在任何時候開始煉功，也可以隨時停止。煉功時，他們想多煉或是少煉都可以。

想學法輪功的人無須跟任何人註冊、加入團體或是繳交任何費用。所有關於煉功的資訊都是公開、可以自由取得的。

修煉法輪功沒有任何組織領導。創始人李洪志先生不接受學員的膜拜。他也不接受學員的捐獻。他極少與學員見面。大多數學員沒有見過他本人。

法輪功缺少組織這一方面倒是阻礙了人權報告。有一個網站「明慧網」，統計了法輪功被害者的資料。有一個非政府組織「追查迫害法輪功國際組織」作一些研究與分析。該網站和非政府組織比較像是一般法輪功修煉者的社群，亦即沒有錢、沒有指揮領導、沒有辦公室、也沒有職員，很大程度上是仰賴自願者。

八、對共產主義的憐憫

中國共產黨已變得如此地資本主義，令人驚訝的是社會主義者竟向中共靠攏。然而，這種現象仍然存在。中共

的黨國體制已能成功拉攏許多對過往中國共產主義懷念不已的全球左翼份子。

這些偽左翼份子的團結，某部分表現在拒絕對中共做出任何批評，包括對迫害法輪功的批評。圍繞在共產黨身旁的舊式左翼份子幻想法輪功背後有美國中央情報局（CIA）的勢力[2]。當這些懷疑過度牽強難以讓多數人追隨，他們卻能阻止不同政治立場的人們起身反對中國對法輪的普遍迫害，特別是對掠奪法輪功學員器官的虐殺行為。

九、舉證責任倒置

有些人抱持一種態度，就是為了掠奪法輪功學員的器官而將其殺害的罪行必須建立在確定（certainty）的基礎上，若欠缺確定，就無須理會。這種期待其實轉換了正確的舉證責任。

「法輪功學員被掠奪器官遭殺害」的舉證責任不應在研究者身上。研究者無須解釋中國從何處取得移植的器官。中國政府才需要作出解釋，應該由中國政府解釋如何取得他們用的器官。

世界衛生組織在2010年5月的一次大會中通過了「人體

器官組織細胞移植指導原則」。其中兩項指導原則就是器官來源的可追溯性與透明性。

在2009年2月聯合國普遍定期審查工作小組中，加拿大、瑞士、大英國協、法國、澳洲、義大利建議要求中國公開死刑數據。然而中國政府對此項建議說不。2013年10月比利時、法國、紐西蘭、挪威、瑞士、大英國協、義大利在聯合國普遍定期審查工作小組中再度提出同樣的建議。這回中國說，再看看吧！

聯合國酷刑特專、宗教寬容特專、酷刑問題委員會認定死刑數據與器官移植濫用間有著明確的關連性。他們都曾要求中國解釋器官移植數量與器官來源數量的差異。

2008年11月聯合國反酷刑委員會對於中國國家報告寫出其觀察的結論：「關於法輪功修煉者長期遭到酷刑並做為器官供體的指控，中國應立刻組成或授權進行獨立調查；並採取適當措施以確保那些應為器官遭濫用負責之人受到追訴及處罰。」

十、個案的欠缺

大量法輪功學員因被掠奪器官而遭到殺害的結論是來自於大量證據線索的集結。這些證據不必然能確認個別被

害者的身分。對於成千上萬的法輪功學員的器官遭到掠奪及殺害的證據，有一種回應是：「說出他們的名字啊！」

要求對個案具名可能是出自於懷疑論。另外，要求確認個案身份，要比支持一個普遍現象要來得容易。若我們能具體指出某個被害者的姓名、被害日期、被害地點，中國政府也較難以迴避質問。

因為諸多理由，確認個案的身份有著本質上的困難。其一是被害者通常沒留下任何線索。此外，多數被活摘器官的法輪功學員未曾提供自己真實身份。這些法輪功學員為了保護朋友、同事、家庭拒絕向監所人員透露真實身份，否則這些親友們可能會因為學員拒絕接受轉化而受罰。這些監所人員不知這些學員的真實身份，而這些學員的親人也不知他們身在何處。這些加害者除了知道他們修煉法輪功外，對他們一無所知。

原則上，確認被害者個案無關宏旨。縱使沒有個別被害者的身份，這種罪行整體上已具有壓倒性的證據。

然而，有些具名的個案浮出檯面。其中七例在《血腥的活摘器官》一書已提及。我在2013年3月28日於匹茲堡大學William Pitt聯盟論壇的演講中則提到了第八例。[3]

《血腥的活摘器官》一書中提到的八例中的五例是來

自於被害者家人的告知。這些死於關押的法輪功修煉者，他們的家人看到屍體上有手術切痕，而且身體的某些部分不見了。當局卻對這些殘缺的屍體無法提出一致的解釋。也沒有任何關於屍體何以殘缺的官方解釋。這些殘缺的屍體的與活摘器官的指控是一致的。

十一、虛假的對稱

中國政府誹謗法輪功。法輪功修煉者譴責中國共產黨侵犯人權。對於法輪功不太關注且不熟悉的局外人而言，這項爭論表面上看似一場外國的政治中傷比賽。一般會傾向於不去介入。

媒體報導一個與爭議有關的故事時，往往傾向於報導雙方的說法——中國共產黨與法輪功修煉者，如同他們在處理爭議時，嘗試中立。這些文章將中國政府真實侵害人權與中國政府所宣傳的違法行為平等對待。

媒體提及法輪功時，舉例而言，有時說法輪功學員是如何描述法輪功的，但中國政府卻認為是另一回事。這兩種斷定不附加評論的並列著，彷彿它們應該被嚴肅地公平對待。

對於法輪功遭掠奪器官而被殺害的研究也受到類似待

遇。當媒體報導該研究時，常將共產黨虛假牽強的否認並列，卻不指出研究係基於真實，而（研究）被否認的理由很容易被發現是造假的。

媒體通常報導掠奪法輪功器官並予以殺害的研究是具有爭議性、被質疑的，卻未指出實質上被質疑及爭議的部分只有來自於共產黨。當然總有人會毫不認真研究便重覆共產黨的說法。事實上，所有獨立研究證實了大衛・喬高（David Kilgour）與我起初關於法輪功學員遭掠奪器官並被殺害的研究，但這個事實卻被置之不理。對於某些媒體而言，去區別兩方證據質量竟不如爭議的本身來得重要。

甚至有的媒體，如同共產黨一般，將此研究歸究於虛構的法輪功組織或法輪功修煉者所為，暗指法輪功是利害關係人，卻忽略了這些研究與證據幾乎都來自不是法輪功學員的人們。

侵犯人權的控訴並非總是真實，也並非總是善意的。政治上反對當權者之人很容易訴諸於虛假的人權侵犯控訴，這種控訴成為把該政權非法化的手段。

為了非法化政權的目的而創造出虛構的人權侵害，與遭到加害者否認的真實人權侵害，兩者間的差異實際上是存在的。我們不能忽略事實，而僅認為人權侵害的指控與

否認不過是具有同等份量的一串文字。

在納粹對猶太人大屠殺的否認者與被害者的悲慘故事之間的差異不但實際上存在，也真的發生了。在大屠殺否認者與被害者之間佯裝中立是不負責任的。所有關注真相、自由並且尊重人權之人士必然會強烈反對那些把否認大屠殺視為可接受的意見與大屠殺被害者的恐怖故事給予同等份量的人。

然而，對大屠殺的否認，就如同大屠殺本身，並非一個孤立的經驗。毋寧說是言論濫用的場域中最極端的形式。每次嚴重的人權迫害總有人否認。侵犯人權者總有一連串抱歉的藉口，但他們辯解的第一道防線就是「從未發生」。

中國共產黨對法輪功犯下大規模的人權侵害。法輪功是一群單純、非政治、非暴力的團體。

中國共產黨為合理化其暴政，做出所有共產黨會做的事：絕不承認，否認一切。它假造指控，虛構事實，捏造消息來源。將中國對法輪功的造謠宣傳與法輪功遭中國共產黨侵害人權的相關證據放在同一水平，創造兩者間虛假的對稱性，卻忽略真實，並且對狠狠盯著我們的猛獸視而不見。

十二、冷漠

當我們嘗試鼓勵大眾反對人權迫害時，漠不關心是一個普遍問題。雖然漠不關心是普遍的，但並非一致。有些人權迫害較能引起公眾回應。

對於法輪功遭掠奪器官被殺害的證據的不作為的反應顯得特別嚴重，可以由各種因素的累積做出了解釋：大眾對法輪功的不熟悉與陌生，中共的財富與份量，大量證據需要整理分類才能達到確實的結論，中共的掩蓋，新的迫害型態，相對於中共的宣傳猛攻，法輪功群體缺乏組織，左派圈子對於中國共產主義的殘餘同情，不恰當地轉換中國政府應負的舉證責任，欠缺大量具名的個案，許多報導者錯誤地將被害者與侵害者同等並列等諸多因素，累積成退縮的效應。

當人們自然傾向於置之不理，當人們忙於自己的生存與需求，總有太多的藉口從這場迫害抽身。關懷始於了解。在此案件中，太多人不關心，是因為太多人並不知悉。

雖然這是個很難講清的故事，基於以上所有列出來的理由，這是個必須被講出來的故事。唯有如此，我們才能冀望去克服對這場迫害的漠不關心。

[1] Jan Wong,"Feeling the long arm of China" Globe and Mail, August 6, 2005.

[2] See for instance http://www.facts.org.cn/Reports/World/201407/09/ t20140709_1753443.htm

[3] "The Killing of Falun Gong for their Organs: Individual Cases" http://endorganpillaging.org/2013/03/28/the-killing-of-falun-gong/

四、法學

江澤民滅絕人性之最惡

朱婉琪

關於「中共活摘器官集中營」的存在

2013年12月9日上午，六個國家的法律專家、醫學專家，包括加拿大人權律師大衛·麥塔斯（David Matas）、「美國醫師反對強制摘取器官組織（DAFOH）」執行長托斯坦·特瑞醫師（Torsten Trey）、西班牙人權律師卡洛斯·伊格萊西亞斯（Carlos Jimenez Iglesias）、英國腎病專家阿德南·謝里夫（Adnan Sharif）、法國移植醫師弗朗西斯·納瓦羅（Francis Navarro）以及來自台灣的我到日內瓦向代表聯合國人權高專（The UN High Commissioner for Human Rights）納維·皮萊（Navi Pillay）女士前來接見我們的律師及處理中國事務的官員遞交DAFOH在2013年短短五個月內，從全球五大洲53個國家和地區所徵集到近150萬

反對中共強摘法輪功學員活體器官簽名的請願書[1]；這個全球性的反活摘簽名活動以亞洲地區60萬民眾的簽名為最多，而台灣有將近5,000名醫師在請願書上簽名並留下聯絡方式，要求聯合國人權高專：

1、公開譴責中國濫用器官移植的行為，要求中國政府立即停止活摘法輪功學員的器官；

2、展開進一步對中共活摘器官惡行的調查，用以起訴參與活摘法輪功學員器官而違犯反人類罪的元兇；

3、要求中國政府立即停止對法輪功學員的殘酷迫害，因為迫害是法輪功學員遭到活摘器官的根本原因。

我們當時向接見的聯合國官員說明對中共活摘法輪功學員器官的調查及專業分析，並促請聯合國必須重視全球150萬民意的呼籲。我在當場則直接了當地告訴兩位代表：據可靠消息來源，我們得知中國大陸存在祕密關押法輪功學員，強摘他們的活體器官的「集中營」（death camp），而且「活摘法輪功學員器官的集中營」幾乎遍布中國每個城市，聯合國有責任查出這些集中營，必須制止這個史無前例的人權慘案。

兩位代表聽完「活摘器官集中營」的指控後並沒有質

疑消息來源，只是面色凝重的聽著、記錄著，沒有任何具體回應。面對全球150萬民眾要求調查中共為盜賣法輪功學員器官的強摘虐殺、面對「活摘器官集中營」存在的指控，聯合國官員的沉默反映了多年以來對中共違反國際人權的處理態度，但我們不會放棄尋求國際正義的努力。西諺有云「對邪惡的沉默就是對善良的殘忍」。

2014年3月和5月，我們又到歐盟機構、歐洲議會、美國國務院及美國國會，繼續向政府官員及國會議員說明從法輪功遭鎮壓起，中共活摘器官的暴行至今仍在中國持續進行著。每回見到這些歐美政府官員及議員，我都會指控中共「活摘器官集中營」的存在，呼籲趕快調查真相，制止中共反人類罪行。不幸的是，迄今這些國際機制沒有任何進一步的具體調查或制止行動。儘管國際社會處理這個議題確實棘手，但人類必須勇敢面對，不能迴避此刻仍在發生的國際人權災難。

曼弗瑞德·諾瓦克教授（Prof. Manfred Nowak）在其擔任聯合國酷刑問題特別報告員期間，曾在其2007、2008年提交給聯合國人權理事會的報告中，詳述了法輪功學員遭到中共活摘器官的調查，並且於2011年11月8日在台灣大學公開演講時明確表示中國法輪功學員活摘器官的調查報告

是「可信的」（credible）[2]。他表示根據調查的論證及數據的分析可知，中國的器官來源始終不明，而從法輪功學員遭受中共迫害開始，中國的器官移植數量明顯劇增。諾瓦克教授曾以酷刑問題特別報告員身分具體去函要求中國政府對此指控展開調查，並且要求將器官移植系統透明化、加重刑責、懲罰元兇，但未獲中國政府正面答覆[3]。

　　時至今日，中共還是不願面對活摘法輪功學員器官的指控，對於2013年歐洲議會決議及2014年美國國會眾議院外交委員會決議中譴責其活摘法輪功學員器官要求國際調查、法辦元兇的呼籲視而不見。然而2015年的今天，中國已陸續有軍醫出來指證軍隊及中國公檢法勾結活摘器官殺人的惡行，並且沒有任何證據顯示活摘罪惡有停止的跡象。法輪功人權律師團、DAFOH、台灣國際器官移植關懷協會、追查迫害法輪功國際組織始終鍥而不捨地對中共官員、司法人員、醫護人員進行全面的蒐證及推動國際組織曝光活摘器官黑幕、制止暴行。

　　於此同時，人們會問為什麼中共會發展出「活摘法輪功學員器官」及建立「活摘器官集中營」這種針對法輪功學員的殘暴手段？追根究底，關鍵在於1999年前中共黨魁江澤民以「消滅法輪功」為鎮壓的根本目的及指導原則。

所有參與迫害的人被鼓勵以任何手段對法輪功進行「消滅」，而「活摘器官、集中營」這種泯滅人性的「消滅」手段便在江澤民的定調下肆無忌憚的發展出來。

從歷史經驗中，人們可知「種族滅絕」或「群體滅絕」（Genocide）的悲劇裡一定有個掌握國家核心權力的野心家，以其冥頑不靈的偏執，孤注一擲的利用國家機器對其所仇恨的種族或群體進行滅絕運動。20世紀最慘痛的例子莫過於德國希特勒的滅猶暴行，21世紀最嚴重的滅絕運動則首推江澤民對中國上億法輪功學員的血腥鎮壓。

江澤民在開始鎮壓法輪功之初便公開表示「三個月消滅法輪功」[4]，並宣布這場對法輪功所進行的「嚴打鬥爭」運動要做到「肉體上消滅、名譽上鬥臭、經濟上鬥垮」[5]；任何習煉法輪功「真、善、忍」信仰的中國民眾，不分男女老少、不分社會階層，全是這場「消滅」運動的目標。而這個「消滅」的定調來自江澤民一人。他在這個目標下利用所有黨政機器建立起執行「消滅」的機制（詳後）。

根據聯合國大會1948年12月9日第260A（Ⅲ）號決議批准的「防止及懲治殘害人群罪公約」（又稱為「防止及懲治種族滅絕罪公約」）（Convention on the Prevention and Punishment of the Crime of Genocide）第2條關於「殘害人群

罪」或稱「種族滅絕罪」的規定[6]：「本公約內所稱滅絕種族係指蓄意全部或局部消滅某一民族、人種、種族或宗教團體，犯有下列行為之一者：

(a)殺害該團體的成員；

(b)致使該團體的成員在身體上或精神上遭受嚴重傷害；

(c)故意使該團體處於某種生活狀況下，以毀滅其全部或局部的生命；

(d)強制施行辦法，意圖防止該團體內的生育；

(e)強迫轉移該團體的兒童至另一團體。」

江澤民向中國民眾、向國際社會公開宣布他要「三個月消滅法輪功、肉體上消滅、名譽上鬥臭、經濟上鬥垮」，這個「蓄意滅絕」法輪功的宣示以及隨後真實展開全國範圍內的「滅絕實施」，導致成千上萬無辜的法輪功修煉者遭到非法抓捕、轉化、酷刑、虐殺、甚至活摘器官，江澤民毫無疑問以其言行向世界自認自證了他是「群體滅絕罪」、「反人類罪」及「酷刑罪」的元兇。

江澤民不僅違犯國際刑事法上最嚴重的三宗罪，「江澤民更是滅絕人性之最惡」。

如前所述，江澤民的鎮壓目標是要在三個月內對超過一億信仰「真、善、忍」原則的法輪大法修煉者進行滅

絕。他的做法是首先在廣大民眾間製造對法輪功「普遍的仇恨」，將全國人民帶往一條仇恨修煉人的道路，促使「對付法輪功就是對付全民公敵的滅絕運動」在全中國遍地開花。然而，中國傳統中有敬天信神的文化，一般民眾對於法輪大法「真、善、忍」的修煉原則並不陌生，尤其近一億中國民眾有親身實踐法輪大法信仰的受益過程，中共黨政高層也不乏有人習煉法輪功，甚至公開予以褒獎；再者，中共非常清楚法輪功修煉者從未對政權有過企圖，包括對中共本身，因此，江澤民要消滅已廣為人知的善良法輪功唯有充分利用中共建政以來累積的一切鬥爭手段，製造更大的謊言及仇恨，以更絕對的暴力來翻轉民眾原先肯定法輪功的社會氛圍，才能在全中國貫徹其「群體滅絕」的意志。

值得觀察的是，中國民眾雖然從中共歷次政治運動中了解中共剷除政治異己的心狠手辣，但大多數民眾卻未能意識到「江澤民『滅絕法輪功』的前提要件，是先『激發人們的最大惡性、泯滅人類的最大善性』」。

江氏以破壞國家法律的殘酷手段禁絕中國民眾習煉和傳播法輪功，不僅侵害上億法輪功學員的言論、表達、信仰及思想自由，根子上是徹底抹殺中華文化道德價值的傳

播，促使中國人在中共謊言毒害下、威脅利誘下附和其對善良的鎮壓、參與對修煉者的迫害；試想，世上任何一個人只要良知尚存，是很難對善良無辜的修煉人實施酷刑，甚至活摘器官，唯有讓是非徹底顛倒、善惡徹底不分，人的惡性被充分激發，群體滅絕性的鎮壓才可能持續，才能席捲中國。平心而論，讓中國人對佛法修煉者產生深刻的仇恨、誤解、歧視、暴力，江澤民要毀滅的不只是法輪功，而是中國民眾身為人最可貴的善性和良知。

江氏建立無孔不入逾越法律的滅絕機制

1999年江澤民以時任中共黨魁的地位，定調「三個月消滅法輪功」。因此他卯足全力，動用中共所有黨政機器來遂行目的。但是「消滅」（eradication）為東西方所有法律原則所不許，因此江澤民必定要建立逾越一切憲法及法律界限的中央執行群體滅絕的非法機制，將其「消滅」的野心從中央到地方一以貫之的執行，於是在展開對法輪功全國性鎮壓的一個月前的6月10日，江澤民親手在中共中央成立了類似納粹「蓋世太保」（Gestapo）及「中共文化革命小組」的一個領導迫害法輪功的專職組織，正式名稱為「中共中央處理法輪功問題領導小組」，常設辦事機構叫

「處理法輪功問題領導小組辦公室」，又因其成立在6月10日，因此簡稱為「610辦公室」；據追查迫害法輪功國際組織報告指出「『處理法輪功問題領導小組』及其常設機構『610辦公室』的成立、操作均為機密，中共從來沒有公佈過」[7]。

儘管江澤民未能如願的在三個月內消滅法輪功，但卻親手建立了「群體滅絕」的機制，從中央到地方開枝散葉的在全國各地紮根；中共中央以下從省、市到縣、區、鄉（街道）各級別的領導小組』是何時成立的，沒有任何公開檔顯示。鎮壓開始後，「610辦公室」便在沒有任何法律授權下開始指導和協調行政及司法機器，包括公、檢、法、司法行政、安全等各部門偵查抓捕、起訴、審判處理法輪功的一切活動。據不完全統計，中國各級「610辦公室」數以萬計，專職和兼職工作人員達百萬規模，經費充裕，只服從於黨委，只對上一級「610」負責。

江澤民是自文革以來，以領導人身分最大限度的利用中共黨政資源建立綿密具全國規模，並且不受任何法律約束的迫害中國民眾的機制。中共迫害法輪功16年以來，這個「610」機制不分晝夜的運行著，從都市到鄉村極盡對法輪功學員精神轉化及肉體摧殘之能事。

　　江澤民不僅在中國大陸利用「領導小組」、「610辦公室」迫害法輪功學員，並且把「610」的迫害功能延伸海外。中國駐外的使領館受「610」官員的指使，蒐集及破壞海外法輪功學員的活動。2005年曾任職於中國駐澳洲雪梨領事館領事，一等秘書陳用林接受澳洲ABC電視台採訪時稱，專門迫害法輪功的610系統不僅存在，中央「610辦公室」的高級官員曾到雪梨來檢查他的工作，要求他加強對法輪功的迫害力度[8]；同年，另一位向澳洲政府尋求政治庇護，曾任職天津公安局610辦公室的官員郝鳳軍訪台時向媒體披露中共中央下達文件構陷法輪功的內幕[9]。

　　充滿對法輪功妒恨的江澤民及其一手培植的黨羽前政法委書記羅幹、「維穩沙皇」周永康、薄熙來、徐才厚等人共同製造了中國社會的恐怖氛圍，「將整個中國社會變成一個大監獄」，人人為近敵，視善良修煉人為寇讎，許多法輪功學員家人被迫妻離子散，家破人亡；楊麗榮，女，34歲，河北省保定地區定州市北門街人，因修煉法輪功，家人經常被警察騷擾恐嚇。2002年2月8日晚，在警察離去後，作為計量局司機的丈夫怕丟掉工作，承受不住壓力，次日凌晨趁家中老人不在，掐住妻子的喉部，楊麗榮就這樣淒慘的丟下十歲的兒子走了。隨後她丈夫立即報

案，警察趕來現場，將體溫尚存的楊麗榮剖屍驗體，弄走了很多器官，掏出內臟時還冒著熱氣，鮮血嘩嘩的流。一位定州市公安局的人說：「這哪是在解剖死人，原來是在解剖活人啊！」（明慧網2004年9月22日報導）。黑龍江省萬家勞教所，一個懷孕約六到七個月的孕婦，雙手被強行綁在橫樑上，然後，墊腳的凳子被蹬開，整個身體被懸空。橫樑離地有三米高，粗繩子一頭在房樑的滑輪上，一頭在獄警手裡，手一拉，吊著的人就懸空，一鬆手人就急速下墜。這位孕婦就這樣在無法言表的痛苦下被折磨到流產。更殘忍的是，警察讓她的丈夫在旁邊看著他妻子受刑。[10]

在江澤民「消滅法輪功」的瘋狂意志下，受害的不只是法輪功學員的肉體和精神的基本人權，還有其親朋好友、為法輪功學員挺身辯護而遭到酷刑迫害的律師，例如「中國良心」高智晟、唐吉田、王永航等正義律師，以及那些蓋紅手印要求法院釋放無辜法輪功學員的鄉里；在江澤民對法輪功的鎮壓下，保守估計有數倍於一億法輪功學員人數的中國民眾，在長達16年的過程中承受了這場迫害的身心痛苦。

更甚，那些被江澤民捲入參與迫害的中共官員，在

江下台後因為擔心迫害停止會遭到法律審判及清算，因此極力維持迫害，繼續牽連更多人加入迫害、結盟成為鎮壓法輪功的共犯，讓人人沾血，讓更多人因為恐懼而隱匿真相，讓罪惡在沉默及恐懼中無休無止的擴大滋長。而江澤民本人在下台後，同樣害怕清算，極力掌握其原先在軍隊、在中央政治局（例如，周永康任中央政治局常委兼中央政法委書記掌指揮公檢法）等中共主要權力系統中所扶植的黨羽繼續維持對法輪功的殘酷迫害。

江澤民對法輪功的迫害，堪稱是「21世紀最大的人權災難」

　　一、迫害的幅員：除了整個中國大陸外，迫害延伸至台灣、香港，以及海外有法輪功學員及中領館的國家及地區。

　　二、迫害的機制及手段：機制方面，全面動用了外交系統、軍隊系統、國安系統、教育系統、宣傳系統、黨務系統、司法系統及財政系統；主要迫害手段，在中國大陸方面，有洗腦轉化、長時間暴力毆打、電擊、集體性侵、施打精神藥物、強制勞動、剝奪睡眠、言詞污辱、強迫放棄信仰、認罪、強迫協助轉化其他法輪功學員、未審先判、禁絕司法救濟、強行灌食等等。其中又以馬三家勞動

教養院對法輪功學員進行的凌虐最惡名昭彰，所施以酷刑的種類多達20種[11]；遼寧省鐵嶺市法輪功學員尹麗萍，三次被投入馬三家女子勞教所18個月。在2001年4月19日，她和其他八名女法輪功學員被投入遼寧省張士男子勞教所的男牢。至今，這九名女性有的被迫害致死，有的精神失常，有的在高壓下選擇了沉默；現居北京的馬三家受害者、訪民劉華說：「遼寧本溪的新淑華，她跟我住一個屋。她跟我說，在2000年，她們18個女法輪功學員被送到男所，被他們強姦輪姦。」[12]海外方面，中共利用其中國駐外使領館除了蒐集法輪功學員個人及親友生活資料及海外活動訊息外，並串謀海外親共媒體汙衊法輪功、收買海外黑幫勢力攻擊法輪功學員及破壞法輪功學員的反迫害活動，尤其在美國、加拿大、南美洲、澳洲、台灣、香港等地利用中共打手組織對付在各大觀光景點上向中國遊客揭露中共迫害真相的法輪功學員，包括煽動仇恨、暴力攻擊及毀損財物。

在所有迫害手段中，最令人髮指的莫過於中共強摘盜賣法輪功學員活體器官的罪行。2006年證人安妮和彼得在美國華府挺身揭露中共活摘暴行後，緊接著加拿大人權律師大衛·麥塔斯及前亞太司長大衛·喬高對活摘法輪功學

員器官的指控展開獨立調查，經過52項證據正反論證後證實活摘器官的指控確鑿，並稱中共活摘器官為「這個星球上從未有過的邪惡」[13]，引起舉世震驚。

三、迫害的人數：1999年7月20日江澤民正式開始鎮壓法輪功起，近一億中國法輪功學員的言論、信仰及集會結社等基本人權遭剝奪；16年來遭酷刑、酷刑致死及活摘器官的確實人數以及在海外受到中共官方及中共打手組織迫害的學員難以估計，受到牽連的學員家屬不計其數。

四、迫害使用的資源：根據「追查迫害法輪功國際組織」在2003年應加拿大國會議員之邀，在其國會舉行「中國江澤民政府挪用國家財政資源迫害法輪功」記者會上所列舉，包括「2001年12月，江澤民投入42億元人民幣建立法輪功學員的洗腦中心或基地；2001年7月4日，美國廣播公司報導，被關在勞教所中的人『接近一半』是法輪功學員。而為了容納日益增多的學員，很多省市的勞教所擴建工程動用了大量資金。像山西省一處勞教所搬遷工程總投資就達1,937萬元。又如，用金錢刺激和鼓勵更大批的人參與迫害法輪功，獎勵迫害的兇手，馬三家勞教所所長蘇某得五萬元人民幣，副所長邵某則三萬人民幣。很多地區，每抓到法輪功學員獎勵達數千乃至上萬元；2001年，來自

中共公安部的內部消息，光天安門一地，搜捕法輪功學員一天的開銷就高達170萬到250萬人民幣，即每年達六億兩千萬至九億一千萬元；從城市到邊遠的農村，地方警察，公安局，以及610辦公室的官員，到處搜捕法輪功學員，江澤民為迫害法輪功，估計至少雇用了數百萬人，為其效力，這些人的工資、獎金、加班費，以及補貼等加在一塊兒，這筆帳每年可達上千億元人民幣。」；「據中央社2003年3月報導，2001年2月27日，江澤民曾撥發40億元人民幣，安裝大量的監視器，監控法輪功學員等；各種大量類型的詆毀法輪功，煽動仇恨的宣傳品被成批的出版製作，諸如書籍、各類小冊子，VCD光碟和宣傳畫等。拍攝至少兩部用於詆毀法輪功的電影，在全國各地播放；一部詆毀法輪功的20集電視連續劇正在拍攝中。中國經濟資源的四分之一被用於迫害法輪功，這是對法輪功的迫害之所以還能繼續的主要原因之一。這些資金來源是挪用國內外的投資和人民辛勞的血汗錢，連同強加於法輪功學員、家屬和相關單位的非法罰金。巨額資金被用於公安、國安，全國的610犯罪組織和外交等。」[14]

　　五、迫害的時間：江澤民正式宣布鎮壓的1999年「7‧20」開始迄今，無一日間斷。

儘管這場人權災難是空前的狠毒，但江澤民「消滅法輪功」的企圖注定失敗。「消滅」、「鬥爭」及「嚴打」雖在中共過往鎮壓的政治運動中起到效果，但是對於堅定信仰法輪大法的修煉者，「真、善、忍」是精神和思想上的依歸，對肉體進行再多的性侵、電擊等種種酷刑，剝奪不了修煉者的思想信仰。被中共逼迫寫「悔過書」及「保證書」的法輪功學員最終走回法輪大法修煉的案例不勝枚舉[15]。

21世紀最大的國際人權訴訟

　　在江澤民及中共互為利用全面實施鎮壓法輪功的情況下，法輪功學員及其辯護律師受到司法系統的迫害，因此不可能在中國獲得司法救濟。曾有兩名法輪功學員在鎮壓的第2年，2000年8月25日向中國最高人民檢察院和中國最高人民法院狀告江澤民、中央書記處書記曾慶紅與政法委書記羅幹迫害法輪功違憲違法，旋即遭到中共警察祕密抓捕，一死一傷[16]。

　　海內外法輪功學員在屢勸江澤民停止迫害不成的情況下，為制止及暴露江澤民及其黨羽血腥殘忍的罪惡，海外法輪功學員從2002年起，在全球五大洲30個國家法院對

江澤民等元兇提起刑事控告、自訴及民事起訴。法輪功人權律師團將法輪功學員在全球範圍內控告江澤民等迫害元兇的司法訴訟統稱為「全球訴江案」。法輪功學員向外國法院提告江澤民等迫害元兇違犯國際刑事法中最嚴重的罪行，包括「群體滅絕罪、酷刑罪、反人類罪」，要求對於被告進行司法管轄，並予以逮捕及審判。「全球訴江案」是法輪功學員無法在中國司法系統及國際刑事法院獲得司法救濟的情況下，為揭露中共迫害真相，尋求民主國家司法正義的壯舉。

從法輪功遞狀提告的國家法院數目、被告的中共領導人及中共高級官員的位階，以及代理訴訟的人權律師的跨國規模來看，「全球訴江案」堪稱「21世紀最大的國際人權訴訟」是史無前例的。「全球訴江案」中的被告江澤民、羅幹、劉京、周永康、曾慶紅、薄熙來被認為是嚴重參與迫害法輪功的中共官員。曾在中國被中共迫害的港台法輪功學員也分別向港台法院控告江澤民、李嵐清、羅幹觸犯殘害人群罪及酷刑罪，提起刑事自訴及民事侵權訴訟。

2009年11月西班牙國家法院將江澤民、羅幹、薄熙來、賈慶林及吳官正以其迫害法輪功觸犯群體滅絕罪及酷

刑罪刑事起訴；同年12月，阿根廷聯邦法院以江澤民及羅幹迫害法輪功觸犯反人類罪對被告發出國際逮捕令。當時港台兩地媒體及美國《華盛頓郵報》和《紐約時報》以及美國之音、法廣等國際媒體爭相報導，中共外交部發言人則出面威脅，稱該逮捕令影響中阿關係[17]。而江澤民成了中共第一位在國際上遭外國法院發令通緝的總書記、前國家領導人。

「全球訴江案」，根據「法輪功人權律師團」的不完全統計[18]，概況如下：

一、前中共國家主席江澤民被法輪功學員以「群體滅絕罪、反人類罪、酷刑罪」刑事控告或民事起訴之國家或地區：

- 歐洲：比利時、西班牙、德國、希臘、荷蘭、瑞典。
- 美洲：美國、加拿大、玻利維亞、智利、阿根廷、秘魯。
- 亞洲：台灣、香港、日本、韓國。
- 大洋洲：澳大利亞、紐西蘭。

二、遭法輪功學員於前述國家及地區刑事控告或民事起訴之現任或前任中共官員：

- 羅幹（政法委書記）

- 周永康（公安部長、政法委書記）

- 曾慶紅（國家副主席）

- 薄熙來（商業部部長）

- 李嵐清（國務院副總理）

- 劉京（公安部副部長）

- 趙志飛（湖北省公安廳長）

- 劉淇（北京市長）

- 李長春（中共中央政治局常委）

- 夏德仁（遼寧省委副書記）

- 吳官正（山東省委書記）

- 王茂林（中央610辦公室主任）

- 王旭東（中國資訊產業部部長、河北省委書記）

- 趙致真（武漢市廣播電視局局長）

- 陳至立（教育部長）

- 賈慶林（北京市委書記、政協主席）

- 蘇榮（甘肅省委書記）

- 徐光春（中共河南省黨委書記）

- 黃華華（廣東省省長）

- 王三運（安徽省長）

- 吉林（北京市副市長）

- 趙正永（陝西省代省長）

- 陳政高（遼寧省長）

- 王作安（國家宗教局事務局局長）

- 葉小文（國家宗教局事務局局長）

- 楊松（湖北省委副書記、610辦公室負責人）

- 黃菊（國務院副總理）

- 郭傳傑（中國科學院黨組副書記、610辦公室副組長）

- 李元偉（遼寧凌源監獄管理分局局長、610辦公室負責人）

- 賈春旺（前公安部部長）

- 林炎志（吉林省委副書記、610辦公室組長）

- 孫家正（政協副主席、前文化部長）

- 王渝生（反邪教協會副理事長）

- 王太華（安徽省委書記）

- 張德江（廣東省委書記）

- 陳紹基（廣東省政法委書記）

- 施紅輝（廣東省勞教局局長兼黨委書記）

- 郭金龍（北京市長）

- 強衛（江西省委書記）

駐加拿大中國副總領事潘新春駐韓大使李濱、駐韓中

國總領事張欣及五名大使館參事官、馬來西亞中國大使館新聞官孫向陽等。

三、遭法輪功學員以「群體滅絕罪、反人類罪、酷刑罪」刑事控告或民事起訴中共官員之國家或地區：

- 歐洲：法國、德國、比利時、荷蘭、瑞典、芬蘭、亞美尼亞、莫爾達瓦、冰島、西班牙、瑞典、愛爾蘭、丹麥、賽普勒斯、俄羅斯、奧地利、瑞士。
- 美洲：美國、加拿大、玻利維亞、智利、阿根廷、秘魯。
- 亞洲：台灣、香港、日本、韓國。
- 大洋洲：澳大利亞、紐西蘭。
- 非洲：坦尚尼亞。

四、遭法輪功學員以「人身攻擊、毀損財產、騷擾、誹謗」刑事控告或民事起訴的中國使領館官員及中共海外打手組織：

美國、印尼、加拿大、德國、韓國、俄國、馬來西亞、日本、菲律賓之中國使領館或使館官員。

五、法輪功學員並向國際刑事法庭、聯合國酷刑委員會、聯合國人權委員會（理事會之前身）、及歐洲人權法庭及國際刑事法庭控訴江澤民、曾慶紅及610辦公室的非法

鎮壓迫害犯行。

結論：「北京大審」是歷史的需要

犯下滔天罪行的惡人必須接受歷史的評價和法律的審判。人類篤信善惡有報、渴求正義，不分中外。從歷史的經驗中吸取智慧及教訓，這是人類謀求生存最大福祉的必修功課。

二戰後，「紐倫堡大審」使人類更嚴肅的發展出懲治慘絕人寰、人神共憤的國際罪行，對於國際人權法的發展具有舉足輕重的影響。大審後，國際人權公約發展出防止及懲治殘害人群罪、反人類罪、酷刑罪等追訴個人的國際責任的規定，國際刑事法院也應運而生，這一切的國際司法機制發展，足證人類無法容忍殘酷的暴行。懲惡揚善永遠是人類的生存需要。

此刻的江澤民和掌管中國政府各個職能部門、監獄和之前勞教所的各級官員，他們其中有多少人策劃及執行過迫害法輪功；中國對這頁悲愴的現代史最好的交代，莫過於對嚴重非法迫害中國人的共黨惡棍展開驚天地、泣鬼神的歷史大審判。

江澤民及追隨其參與迫害的黨羽應該在中國的土地上

被繩之以法，讓千秋萬世的中國人永遠記取歷史教訓，讓泯滅人性的滔天罪惡永遠不再發生。中共迫害法輪功正在考驗人類的良知良能，「北京大審」是中國歷史的需要，勢在必行！

[1] 朱婉琪：籲UN調查中共「活摘集中營」http://www.epochtimes.com/b5/14/7/23/n4207441.htm

[2] 前聯合國專員：對中共活摘器官指控可信 http://big5.minghui.org /mh/articles/2011/11/11/249086.html；
中共活體摘取法輪功學員器官報告（五）http://big5.minghui.org/mh/articles/2012/11/7/265162.html

[3] 中共活體摘取法輪功學員器官報告（一）http://www.xinsheng.net/xs/articles/big5/2012/11/19/49074p.html

[4] 江澤民變態 妒嫉法輪功創始人李洪志大師http://www.epochweekly.com/b5/394/14023p5.htm
中共大戰法輪功 從消滅未遂進入持久戰到近幾年決戰 組圖 http://tw.aboluowang.com/2014/0813/429444.html#sthash.xO2JE2IQ.dpbs

[5] 內鬥因血債而加劇 http://www.epochweekly.com/b5/257/10244.htm

[6] 公約內容詳見http://www.un.org/chinese/hr/issue/docs/85.PDF

[7] 追查國際報告(九):關於「610辦公室」的調查報告　中央
http://www.epochtimes.com/b5/4/10/26/n700451.htm，【歷史今天】
蓋世太保般的中共「610辦公室」更名http://www.epochtimes.com/b5/14/10/14/n4271937.htm

[8] 陳用林：中央610官員到領館檢查工作http://www.epochtimes.com/b5/5/6/21/n960607.htm

[9] 台灣中央廣播電台專訪郝鳳軍http://www.epochtimes.com/b5/5/12/27/n1168126.htm，原610官員郝鳳軍指證中共迫害誣陷法輪功http://big5.minghui.org/mh/articles/2005/6/12/103923.html

[10] 《九評共產黨》【九評之五】評江澤民與中共相互利用迫害法輪功http://www.epochtimes.com/b5/4/11/27/n730058.htm

[11] 馬三家勞動教養院部份酷刑展示一覽表http://huiyuan.minghui.org/big5/html/articles/2006/3/6302.html

[12] 杜斌新書香港面世再揭馬三家性酷刑 http://www.epochtimes.com/b5/14/7/23/n4207573.htm

[13] 詳參博大出版社之《血腥的活摘器官》及《國家掠奪器官》http://www.books.com.tw/products/0010508143

[14] 中央社：中國政府動用大量國家財政資源迫害法輪功http://big5.minghui.org/mh/articles/2003/3/23/46962.html，http://www.zhuichaguoji.org/sites/default/files/record/2004/05/132-jiang_ze_min_ji_tuan_2.pdf

[15] 曾表示放棄修煉或曾被迫悔過的學員從新開始修煉的嚴正聲明，明慧網彙整http://big5.minghui.org/mh/fenlei/85/

[16] 千萬富翁控訴迫害法輪功元兇 http://weekend.minghui.org/big5/343/343_05.HTM

[17] 大清算將開始 江澤民成首名被外國通緝的總書記http://www.epochtimes.com/b5/14/2/11/n4080335.htm

[18] 「法輪功人權律師團」是由全球具有律師資格的法輪功學員及法輪功學員在全球各地委任提告江澤民等迫害元兇的律師們所組成，本文所列之「全球訴江案」為該律師團的各國律師成員所提供經彙整而成。

地球上最極端的邪惡
逐步瞭解群體滅絕並採取行動

卡洛斯‧伊格列習雅斯

當我們分析1948年12月9日「防止及懲治殘害人群罪公約」（Convention on the Prevention and Punishment of the Crime of Genocide ）中的「殘害人群」（或稱為「群體滅絕」或「種族滅絕」）概念時，我們體認到人性可以有多麼的邪惡。若那些獨裁領袖能以民族、種族或者宗教理由消滅某些團體，這表示著人性價值退化到最低程度。

綜觀整個歷史，「殘害人群」往往是因獨裁權力最高層間的共謀及參與而發生，他們利用國家組織所掌有的一切手段，不惜耗盡經濟與戰略的資源來達成其滅絕無辜群體份子的目的。

從歷史中的一個型態觀之，在諸多生靈塗炭的罪行發生之後，殘害人群罪終會被揭露並遭到繩之以法。

1999年中國政府在中國共產黨（以下簡稱「中共」）領導下發動對法輪功的迫害，目的是全球性的根除其學員的信仰，並在肉體上消滅其學員，經證明有洗腦、酷刑、酷刑致死及強摘器官。這些型態符合了殘害人群罪的判斷標準。晚近歷史上，1994年盧安達的屠殺據稱至少有50萬人，1995年波斯尼亞屠殺據稱有八千人死亡，在中國以及全世界，超過一億的法輪功修煉者遭到國家實施的殘酷迫害。

在人類歷史上，殘害人群在犯行的初期就受到譴責的極為罕見（或幾乎沒有），而中共對中國精神修煉法門法輪功修煉者的迫害是其例證。

當1948年聯合國通過「防止及懲治殘害人群罪公約」時，看似出現了集體的良知，保護生命、人性尊嚴與信仰的人類價值演進至更高階段。

然而未受關注的是，當二次世界大戰後，東方，更明確的說是中國，人類史上最毀滅性、慘酷與無情的中共獨裁政權，持續的發展演進直至21世紀。獨裁政權非但試著摧毀其人民的重要部分──對數以百萬想提升其道德與人

格標準的無辜民眾施加酷刑，甚至幹起血腥買賣的勾當，大規模屠殺摘取其器官到販賣標售。想到這道斑斑血跡，用「殘害人群」或「群體滅絕」來形容中共的作為並非誇大。

這就是這些犯罪的眾多受害者所傳達給我的實情，也促使我想運用西班牙司法權力組織法第23條中所建立的普遍管轄規定（universal jurisdiction）。在這個法律制定的當時，它曾是世界上最先進的法律，用以捍衛普世正義，允許對犯下殘害人群罪或酷刑罪的責任人進行追訴，不論該罪犯或被害人的國籍，正因為這些嚴重罪行影響了整個國際社會，侵害了人類。

我與殘害人群暴行戰鬥的歷程

與這些受害者面談令人情緒激動，因為我可以體會他們身心所承受的苦難。然而我最觸動的是他們的靈魂，身為人類最本質的部分，是堅定、完整的，一心希望得到正義，並把這場悲劇與暴行的真相帶給全世界，那就是「中共迫害了上億無辜及誠實的中國民眾」。

採取行動的決定不能拖延，有很多情況會讓中共暴行變得無法被處理，例如：人為的一系列的綜合因素所建立

起來的一道殘害人群的保護牆，迴護了這些罪行，使其得以逃脫不罰。

中共的保護牆基於三道支柱：

1. 無法將這些罪行交給中國司法（所謂的領土原則），因為中共有權力來控管在中國發生的殘害人群罪。

2. 由於中共未簽署建立國際刑事法庭的羅馬規約，不承認國際刑事法庭的管轄，因此這些罪行無法移送國際刑事法庭。

3. 中共具有聯合國安理會的否決權，使聯合國無法對中國採取特定行動。這些中共的保護牆應該被像西班牙國家法律中的普遍管轄權所推翻，讓世界知道中共獨裁政權下的滅絕性的反人類殘酷罪行的真相。

其餘的只待我用心並採取行動。

由於泰瑞‧瑪什律師的協助與分工，以及與數位在中國遭到殺害或酷刑的法輪功學員及學員的親人面談，我在2003年10月15日，在西班牙以殘害人群及酷刑罪控告了這場暴虐的主要責任人，江澤民，其隨後遭到刑事起訴。

江澤民是發動迫害法輪功的元兇，在其統治中國期間，發佈了三項對法輪功修煉者的方針：「名譽上搞臭、經濟上截斷、肉體上消滅」。羅幹，與江澤民共謀，他作

為所謂610辦公室（專門負責迫害法輪功的機構）的執行者，也遭到起訴。我稱610辦公室為「中國蓋世太保」，其任務無非是超越法律與監督，為國家實施非法拘捕法輪功修煉者；610辦公室也負責勞教所中的迫害，法輪功學員主要在那裏被迫害致死。

這場悲劇中一個重要面向就是所有中共發動宣傳與迫害的後勤，需要鉅額的、由中國人民負擔的國家預算，且唯一目的是用於消滅其人民中顯著的一群（法輪功學員）。是甚麼樣的國家領導人要滅絕自己的人民？中共何以帶著自己人民的苦難及沾著人民鮮血的旗幟來代表一個具有五千年歷史傳統的國家？

宣傳機器遵照中共的指令，利用一切媒體傾瀉對法輪大法的仇恨，讓中國人民從內部產生對法輪大法的恨意與排斥。中共試圖翻轉法輪大法日漸受到歡迎的情勢，法輪大法已有一億人修煉，並且感動了上億人的心靈。這種滅絕的殘害人群策略始於無止盡的謊言、誹謗、謠言，利用全部媒體的力量，主要經由國營電視、廣播、出版、新聞來捏造對法輪大法如山般的謊言。

其目的是卸除中國人的良知，使整個國家對法輪大法的禁令麻木不仁。此舉給中國人民明確的警告：中國人民

的信仰一旦超過獨裁的中共劃下的紅線，是多麼的危險。

依據聯合國人權理事會，與非政府組織例如國際特赦或人權觀察的資料，恣意與非法的關押每天四處發生。數以千計的法輪大法修煉者在毫無司法保障下被關在監獄與勞教所，身處人類前所未聞痛苦的恐怖，令人無法想像的酷刑虐待之中。

至今我仍難以寫下，也無法傳述千千萬萬無辜人民在中國勞教所承受的苦痛。在受難者證詞的面前，我只能哀悼，例如，當戴志珍手中抱著她的幼女法度訴說她的丈夫遭到殘酷虐殺的故事時；當我親自聽到畫家章翠英的身心因修煉法輪功而遭到酷刑虐待，我只能哀悼；當時還是個學生的趙明，完整陳述他是如何被強迫抬起腳跟蹲立，每天超過十小時，如何被電擊、禁止睡眠、一旦闔眼就被警衛銬在椅子上毆打時；當法輪功修煉者陳英遭受一位女性最大的羞辱，被監獄裡的一般罪犯們性侵，終日被冰水澆淋，聽到這種種暴行時，我也只能哀悼。

在江澤民與羅幹的訴訟之後，西班牙法院又起訴了迫害法輪功的中共高層，包括賈慶林、吳官正、前商務部長薄熙來。薄熙來先前是遼寧省長與大連市長，並且是遼寧省勞教所對法輪功修煉者大規模屠殺的直接責任人，也是

活摘法輪功修煉者器官的元兇之一。

所有的訴訟是依據西班牙普遍管轄的司法程序進行為數眾多的調查，證據公開呈現了中共對其人民犯下的邪惡作為。

這些最為慘酷的暴行，我之前從未聽聞，是人類基於良知所無法想像的；有些讓我不寒而慄，讓我深深震顫，實在是人類史上最大的犯罪：從活人身上強摘器官販售。一開始我無法相信，因為沒有一個人種可以達到這種邪惡的程度，但這是真實不虛的：數以萬計的活生生、健康而無辜的法輪功修煉者被強摘器官，中共以最血腥腐敗的方式販售得利。

我捫心自問，問題不再是作為一個律師，而是作為人類的一份子：

中共到底是什麼樣的惡魔，竟然積極鼓吹、協調對他們活生生的中國人民大量的摘取器官以獲利。

到底是哪一種邪教會在摘取器官後，將屍體焚化以湮滅犯罪證據，只為了賺取摘取器官的大筆金錢，有時一個肝或一對腎值15萬美金。

又是哪一種犯罪心理，絕對的狠毒，能夠創造發展出一個腐敗的組織，從強摘數以萬計的人民身上的器官來

攫取數百萬的收益，並把這種殘暴當作日常生活的一個方式？他們如何能領導中國、如何能代表那些被其酷刑、殺害，身體被其切割販售的中國民眾？

我最終瞭解了這場悲劇的程度以及中共真實面目的巨大恐怖。而他們一方面向西方世界推銷繁榮的經濟與經濟成長的形象，一方面掩蓋其產品是勞教所內酷刑之下製造的毫無成本、由幾十萬的無辜人民、良心犯被強制工作每天16至18小時，所生產的外銷產品。

更甚，數以百萬計的財富是透過人類史上最令人厭惡、駭人的販售活人器官而創造出來的。我在灰暗監獄、勞教所中發掘了中共隱藏的真實面貌，他們的目的就是為摧毀人類的價值與信仰，造成21世紀人類真正的災難。

大衛‧喬高與大衛‧麥塔斯組成的加拿大團隊在2006年以及之後針對中國法輪功修煉者器官摘取所作成的調查報告，對我而言，展現出這場對一億中國民眾巨大規模的殘害人群罪行。

之後，透過與遭受過逮捕監禁的法輪功學員面談，已確認他們在被關押期間被強迫做身體檢查與驗血，而唯一目的就是為了他們的器官而殺了他們。

在歐洲，代表歐洲公民的歐洲議會，於2013年12月12

日通過譴責對中共強摘器官的決議，強調中共在中國犯下的暴行。這項決議要求歐洲各國關注並譴責中國發生的強摘器官的罪行，此外，還使歐盟進行完整的調查以制止這些反人類罪行，並且要求中共釋放中國所有的良心犯，包括法輪功修煉者。

我們必須由衷地放棄那些讓我們將這些犯罪視為一國內政，或只是國內政治的障礙。這正是那些犯下殘害人群罪行之人要我們玩的遊戲。他們要世界相信國家主權高於人性尊嚴，高於普世的生存權，高於公民、個人或國際法。

在二次大戰後，1948年12月10日聯合國大會通過了的「世界人權宣言」，66年之後，我們猶記得其序言：

「鑒於對人權的無視和侮蔑已發展為野蠻暴行，這些暴行玷污了人類的良心，而一個人人享有言論和信仰自由並免於恐懼和匱乏的世界的來臨，已被宣佈為普遍人民的最高願望……」

這個序言令人心碎，因我知道簽署這個宣言的中國，是聯合國的一員，具有安理會的否決權，竟被沾血的獨裁中共政權所領導，他們應為建政後超過八千萬人民的死亡負責。

讀著宣言，不由得讓我深深記起那些中共獨裁暴行的受難者，以及那些無辜的人民，男人、女人、長者和小孩，他們因信仰而被酷刑虐待和殺害，中國千萬名法輪功修煉者原本幸福和平的生活被這個邪教摧毀，其目的是毀滅人性與人類，讓世界變成活地獄。

我可以很肯定：世界人權宣言在中共統治下的中國一條也沒實現。宣言的30條條文在中國並沒有形成任何保護與屏障。根據那些嘗試以群體滅絕罪和酷刑罪將惡名昭彰的中共領導告上法院的證據，我確認了中國人民仍然在人類史上最惡劣的獨裁政權下受難的指控。

當中共在國際關係中使用的空談、宣傳、謊言、操控、欺騙的策略遇到人權議題時都有著共同分母：人權是中國的內政，不容其他主權國家分析討論。

這是那些殘害人群的暴行者與那些擔心失去生意、貿易協定與經濟利益的西方國家往來時所編造出的藉口。只有心靈、道德價值、倫理、人性光輝可以戰勝、揭露真相。問題很明顯：難道我們只為了獲取經濟協定而默默接受並成為那些殘害人群被告的幫兇？這難道不會讓我們負擔殘害人群罪、酷刑與大規模摘取器官罪行的共同責任嗎？

　　難道我們會認為殘害人群是中共統治下的主權事務？是具有超越中國人民的權威，得以主權者身分來指揮的國家事務嗎？

　　我們是否忘了我們對世界人權宣言的承諾？人類是否成為屈服於統治者獨裁決定下的客體？

　　「酷刑在國際法上不被視為一國元首的職權」，1998年11月25日尼科爾斯（Nicholls）法官在「將皮諾切特從西班牙引渡至英國」的司法案件中明確的作出這個裁決。我們不能忘記中共的邪惡遊戲，在21世紀的今天還試圖操弄真相以防止人們發現其殘害人群罪行的真相。

　　當一億中國人民身處在一項滅絕計畫中，很明顯的這個持續超過15年的包括大範圍的酷刑、活摘器官的殘害人群罪行，在任何情況下都不能被當作僅是政治事務，國家主權事務，甚至只是內政。在談這些反人類的滔天罪行以及面對這些罪行時，我們不能讓步和妥協，我們只能保持勇氣與尊嚴地告訴中共獨裁政權：人類不是商品，他們不是一塊塊能被切割出售給出價較高買主的肉。

　　國際機構組織、民主政府及國會，本身都是人群的組合，可以做出決定；他們有感情、意見與價值觀；他們擁有改變世界現狀的心靈。作法很簡單：打破沉默就能拯救

人命。

　　我以這些篇幅來訴諸人心，並非機構，並非地位或階級，並非組織，而是每個有著對自己國家或國際社會具有社會責任的人們的心靈。他們可以制止這場暴行，可以運用他們的良知與心靈傳達中共獨裁統治下中國發生的現狀。這些受難者的巨大苦痛不只是因為身心所受的酷刑虐待，更是源自被遺忘的無力感，因其知道無人能明白真相而這些暴行被隱藏在沉默之中。因此傳達真相很重要，分享我們的訊息並確保周圍的人們都了解這些反人類的惡行。

　　這些是最嚴重的反人類罪行，若我們允許沉默或漠不關心，那殘害人群與酷刑的罪犯在國際社群的屈從或退縮下將持續犯罪，那我們豈不是在鼓勵他們繼續行使暴行嗎？我們豈不是在傳達滔天罪行不會有報應的信息嗎？若這些罪行不被處罰，難道我們不是在鼓勵新的殘害人群與酷刑罪犯再出現嗎？沉默是殘害人群與酷刑罪犯的同夥。

　　所有人，特別是那些有社會責任的人，應該理解人的生命是有限的，無人能永存，萬事萬物都是過客，我們終會抵達接受最後評價的那一刻，那時人的所有社會與經濟地位都無用了，那一刻到來時將是良心與我們一生所作所

為的反映。歷史將對每個人的一生作為有所評價，而我們不應忘記：我們將就所做過的，以及我們當為卻未為的一切受到評判。

結論

這一天將會到來：來自人類最壯麗的文化與文明的高貴中國人將再度展現輝煌；而中共暴行的恐懼與殘暴將被歷史唾棄。

這一天將會到來：法輪大法以及中共的邪惡所無法摧毀的原則將重獲正義。

這一天將會到來：和諧重現於全中國人民，他們尋回遭到綁架的五千年文明，並且正義與真理重返好人的心中。

第五部份

文化

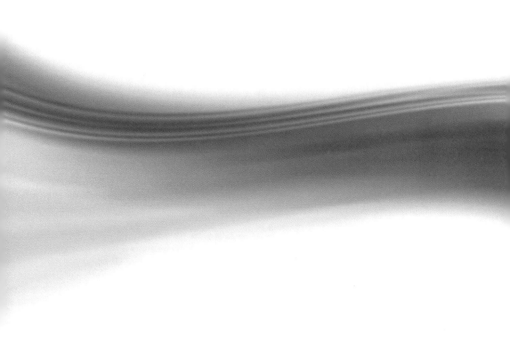

從中國古典舞看神傳文化
在中國及海外的不同命運

李維娜

我出生在60年代初的中國大陸。剛記事的時候，就碰到文化大革命。偶爾聽大人們講，哪裡有人上吊了，哪裡打人了，哪裡又發生甚麼事了，小小年紀的我，根本聽不懂大人們在說什麼，只記得出門一定要小心。

那個年代，全中國唯有的文藝節目就是為毛及共產黨歌功頌德的八個京劇、舞劇等。當時稱為「八個革命樣板戲」。而其中舞劇「白毛女」的「北風吹」舞段，是我的啟蒙舞蹈，還是自學的：因為我看了無數遍「白毛女」電影和現場演出。

當時全國不管是專業文工團（現稱「歌舞團」）還是業餘宣傳隊，無論是男是女，是老是少，到處都在演八

個樣板戲。生活中無時無刻都能聽到、看到八個樣板戲。「家喻戶曉」不是形容詞，因為不僅人人都知，更是人人都會。確切說它不是自發而是被迫的。

文革結束前，我考上了歌舞團，全職學習舞蹈。從事藝術工作，但被環境所迫而改行的父親，在那個年代，最不想讓自己的女兒去跳舞。他知道，藝術就是發自內心的真實體現與昇華，沒有真實的內心世界，就沒有真正的藝術。但那個時候，不可能有從事文藝工作的藝術家：你要是發自內心的表達人性的真實情感，你不是被「打倒」，就是被關進監獄；你要是昧著良心去為黨「歌功頌德」，你也就不配被稱為藝術家。

我是在共產黨洗腦式教育下長大的：「全世界人民都生活在水深火熱之中，我們中國人是世界上最幸福的人」；「美帝國主義是我們的敵人」。我們以為沒有了共產黨，我們就完了。有一次我曾問母親：「媽媽，為什麼別人的媽媽是黨員，而你不是呢？」母親對我說：「不是黨員的人，不一定不是好人。」可是，就我這一句問話，母親不情願的申請入了黨，好讓我別感到「抬不起頭來」。多少年後，母親每每提起此事都會說：「要不是你這樣問我，媽媽是不會入黨的。」世界上只有母愛才會讓

母親為自己的孩子犧牲、委屈自己。慶幸的是,「大紀元時報」的《九評共產黨》發表後不久,母親就聲明退出共產黨了。

70年代中國的舞蹈訓練,是以中國古典舞和芭蕾舞(古巴式)的結合為基礎的,這幾乎是當時全中國的唯一教學模式。在中國,一切為黨服務,黨性高於人性。文藝不是表現人精神的昇華,而是給黨塗脂抹粉;體育不是為人民的娛樂與健康,而是給共產黨在世界上爭得面子。70年代初、中期,舞蹈前輩們的努力隨著前蘇聯專家的被迫撤離及文化大革命的運動,幾乎化為烏有。挨整的挨整(黨要你死,你活不了),下放的下放(到農村勞動),改行的改行。少部分不知不覺中成了黨的宣傳工具(前面提到的八個樣板戲)。

在「洋為中用,古為今用」的共產黨意識為前提下搞出來的古巴式教學,既沒有把中國舞的韻味,其豐富的表現力及高難度的技術體現在教學、創作中;也沒有把芭蕾舞中的線條的美及其表現神世界裡的飄逸感展現出來。從訓練到舞蹈作品,一切的一切,都充斥著粉飾共產黨及為其歌功頌德的內容,演員們感到戲假、人假。但是,泡在那個環境裡,既沒有能力看得清,更沒有什麼可選擇的。

其實，中國五千年神傳文化的奧祕，體現在許多方面。中國古典舞也有她幾千年的歷史。中文「舞蹈」的「舞」，和「武術」的「武」，「舞」、「武」兩個字同音不同字，這本身就是神傳文化的一種表現形式。武術作為防身擊打，它的動作、技術就不能變，變了就會失去其實際作用，所以幾千年流傳下來，基本保持原樣。而武將們在宮廷表演時的動作，雖是武將，但是武戲文用，就是舞蹈了。加上中國人一舉手、一投足所帶有的特殊的味道，就是中國人所特有的韻味，也就是中國古典舞的韻。神傳文化用這種巧妙的方式，使得中國舞得以基本不走樣的保留了下來。

而近代出現在體操、雜技中的許多高難度技巧，全是來源於中國舞。中國舞語彙豐富，沒有機械性，可任意表現不同的故事，塑造不同人物。陽剛、陰柔、流暢、造型、幅度、線條，應有盡有。

1976年文革結束，中國走入了所謂的「改革開放」的年代。重返舞校的部分，古典舞老師想要走出中國舞自己的特色。雖然在基本功教學上，他們還沒有完全脫離古巴教學，但是，在身韻教學方面，逐漸的形成一套較完善的教學模式。雖然他們認為自己是從武術、戲曲等傳統文化

中「整理、學習、發展」出來的。而實際上，正是前面所說的，這本是神傳文化的奧妙所在。

那幾年，北京舞蹈學院培養出第一批中國舞、芭蕾舞及舞蹈編導的大學生，我是其中之一。

國門的開放，雖然使得舞蹈界與國外的互動日漸頻繁，但大部份的交流是在芭蕾舞、現代舞上，少部分中國舞老師也到國外造訪，但是帶回中國的幾乎都是對現代東西的推崇。整個的舞蹈界，對外來東西的青睞，遠遠超越對中國舞的用心。不少舞蹈演員轉向當代舞；中國的芭蕾舞演員，在世界芭蕾舞比賽中，頻頻獲獎，培養出來的人才外流現象也很普遍。許多優秀的中國古典舞演員卻因為大陸幾乎沒有中國舞的市場，畢業後不久就轉行或被迫早早的離開了舞臺。

然而，在「改革開放」的同時，共產黨也非常害怕西方理念的引進。因為共產黨的信條與西方世界的價值觀是相悖的，所以它有意的讓國人在形式上完全開放，物質上充分滿足，但實質與精神相關的東西卻不讓碰。

舞蹈界在學習西方的東西時，雖然很快就掌握了其技術，但藝術的內涵及人性的真實性卻無法體現在自己的創作中。形式上的開放與意識形態上的禁錮，這一對怪胎，

使舞蹈創編人員有意無意的用放縱自我的意識來逃脫現實，從而把各種不同舞蹈的語彙混進中國舞裡，實實在在的把中國舞變成了大雜燴。在作品中，除了部分繼續給黨抹粉外，其餘表現出來的幾乎都是超現實，超現代派的作品。觀眾看不懂為高，演員弄不明白為奇。我曾與中國一位著名的大編導談論起90年代後的中國舞蹈狀況，他說：「現在國內的有些舞蹈，別說別人，連我這個搞舞蹈的人，都完全看不懂，不知道要幹什麼。」即便是表現中國人的故事，穿的是傳統的服裝，但是，都是在現代變異後的思想主導下產生的變了味的「中國風格」。

真的是中國的東西沒有人喜歡嗎？還是共產黨有意在破壞神傳文化？

提倡無神論的共產黨，以極權統治的方式，把無神論作為「信仰」強加在中國人身上，要人不再相信「善惡有報」。「黨叫幹啥就幹啥」，一切都是黨說了算。中國人在封閉狀態下，在「黨」邪惡的理念下成長的人，不自覺的變得不誠實、自私與貪婪，人與人之間失去了信任。充滿戒心的中國人，生活在恐懼之中，卻不知道這是非正常人的生活。五千文明，被毀的不光是實物，而是最根本的道德理念。

慶幸的是，移民澳洲後的我，1998年有幸在那裏接觸到法輪大法，一種以中國佛家傳統理念「真、善、忍」為宗旨的修煉方法。而這傳統的理念很快的就讓我從另一個角度重新看待自己與周圍的一切。今我吃驚的是，我覺得以前我所不喜歡的中國的東西，例如中國的山水畫等，現在卻以另外一個面目出現在我眼前：古人清靜的生活，在看似簡單的畫面中，淋漓盡致的表現出那種「天人合一」的意境。我感慨我過去失去的太多了！

2003年，我應總部在紐約的新唐人電視臺邀請，來到美國參與該臺為2004年的新年晚會的籌備工作。到美國後，我接觸了一些在海外從事藝術工作的華人，我們有著非常相似的經歷：生長在中國，在黨文化下學習了專業技術，到海外生活一些年後，認識到我們被扭曲的過去，珍惜我們祖先的文化遺產。我們都有一個共同的願望，希望能通過藝術表演的形式，把正統的、好的中國傳統文化，展現在舞臺上。

後來，我有幸加入「神韻藝術團」，一個以復興中華五千年神傳文化為宗旨，具有高專業水準的，以中國舞為主的表演藝術團。

自2006年神韻藝術團成立後，每年都推出一套全新的

文藝晚會，在世界上百個城市巡迴演出。神韻藝術團以純正的中國古典舞為晚會主體，用歌舞形式，通過短小精悍的小舞劇，展現出一個個的歷史人物與神話傳說；陰柔飄逸的女子舞，美如天仙下凡；充滿高難度技術的男子舞，不僅表現了男子的陽剛之氣，更把中國舞淋漓盡致的展現給觀眾；神韻的音樂，是以中國特有的樂器為主，與西方管絃樂融為一體，現場與舞臺上演員的完美配合，不僅奏出獨到的東西方聯璧的美妙音樂，同時，完美的詮釋了舞蹈與音樂那不可分割的血脈關係；靚麗的服裝，無論從色彩、款式及面料，都讓人歎為觀止；動態的3D天幕，把現代科技完全融入為傳統的舞臺服務。

神韻的演出賞心悅目，每年幾百場的演出，帶給觀眾的是積極、向上的精神。觀眾用掌聲、淚水，回報著神韻演職員的巨大付出。

神韻藝術團的成員，不但在技術上要求甚高，更在品行、道德上，都要求按照神傳文化的「真、善、忍」準則去做。演員自然的在一舉手，一投足中，都會把純真、善良的內心世界帶進舞姿、體態、音色中，並融入於表演中。而這也體現了「天人合一」、「剛柔相濟」、「內外和諧」的神傳文化。美不是裝出來的，道德不是貼上去

的。一個從裡到外都美的人，怎能不引人入勝呢。

由於參與神韻演出，我對神傳文化也有了更多的了解，也因此有機會重新開始認識並學習神韻所要的純正的中國古典舞。中華五千文明太豐富了，取之不盡，用之不竭。不光是題材，這裡面包含了很多做人的道理及許多普世的價值觀。她不僅僅是中國的財富，也是世界的瑰寶。

邪不勝正，善的最終會戰勝惡的。這是神給人留下的理念。中國古典舞，她不僅僅是一種藝術形式，她內在的精神體現了神傳文化的價值。好的中國舞演員同樣需要有這種修為才能成器。

我為在美國有神韻藝術團來展示純正的中國舞感到無限的欣慰。我也相信，神韻給世界觀眾帶來的不僅僅是一臺臺亮麗的晚會，更會使觀眾在充滿向上精神的演出中成為受益者。

如烈陽照射的「神韻天空下」 中共狼狽不堪

楊憲宏

復興一個失落的文明。這是第一次去看神韻演出的時候，心中閃過的念頭。後來在神韻的網絡也看到了這個敍述，發現這個蒼老而敗德的帝國，還有人為了證明它也曾經有過的善良與美麗而努力。神韻這個名字，清楚的表達的是一種敬天畏地，相信神存在的自然天性，也就是以一種感恩的虔誠心念，傳揚這個美德，給人一種清安自在的從容溫暖。這一切都是中國共產黨所沒有的，這群無神論者，已把自已搞成地獄惡靈，卑劣人格中沒有真誠，也不相信善良，更無不忍人之心。幾千年的中國文化，不是沒有素樸與精良的文化遺產，卻在不到半世紀的共產黨革命過程，全部成了槁木死灰。今日真正的「文化中國」，正

如杜甫詩所說，「國破山河在，城春草木生」，廣大的中國大地，早已不是昔日的「文化中國」了。如果沒有神韻幾年來的世界巡演，21世紀的全球記憶，不會有任何「文化中國」的印象，「共產中國」自1949年以來，給世界帶來的是災難、陰影、威脅、戰爭與野蠻。

有人說，今天的臺灣，保存了「文化中國」，這話對也不對，對的是例如故宮，幸好當年有心人把這些珍貴的文化遺產都運到臺灣，才免於浩劫。對的是中國文化的基本信念，在臺灣已成了人們生活的一部分。不對的是，臺灣早已在19世紀後半葉，經歷了世界史的直接洗禮。長達一個世紀，有著南島原住民文化與荷蘭西班牙日本文化的進出，臺灣人的文化底蘊，有著與中國文化完全不同的呼吸型態。從文化人類學角度觀察，嚴格說，臺灣不是中國的一部分，但是中國的確是臺灣很重要的部份，不過這裡所談的「中國」是共產黨從來沒有介入與參與的「中國」。臺灣的運命與神韻的發展之間，有著十分相類似的覺醒與因緣。臺灣在不斷被中共壓迫的過程中，不曾放棄「中華文化」的基本元素，例如，臺灣保存了中國自古以來的「正體字文化」，相對於自絕於中華古文明的「共產黨簡體字」。可是臺灣不斷的在創新與自由的國際化過

程，與世界文明不斷的共存共榮，有著臺灣創發的文明與文化。許多中國的朋友來到臺灣喜歡臺灣，都以為他們終於見到了傳聞中的「文化中國」古文明，這是很大的誤解，其實他們見到的是，具有「文化中國」內涵的「臺灣創新文明」。

神韻的發展也走著很像「臺灣創新文明」的路徑。可以說是一種「自由中國的創新文明」，而不論是那一種都是在「共產中國」之外的地方，才有可能生根壯大。神韻是在美國發展，許多團員都是在美國出生的中國人，他們都沒有機會回到中國，更不要說到中國巡演。可是也就是這樣的特殊原因，神韻的演出不論是音樂或舞蹈或歌唱與演奏，都有著當代世界藝術的精華內涵，簡單的說法是中西合璧。其實不止如此，神韻的藝術，是一種「文化中國」，乘著西方美學的翅膀飛翔。西方美學是源自人對神仰慕的創作，文藝復興之後，更加入了人性光明的表述。這樣的發展也是「共產中國」再怎麼模仿山寨也搞不定的。因為心中沒有信仰，就不可能有藝術可以成就。

在神韻網絡中有段文字，很能將這個東方與西方文明的結合的美妙傳達清楚「從敦煌石窟中的飛天神女到西斯廷教堂的天頂畫，這些千秋不朽的作品不僅體現出高超的

技巧，更因為對神的讚美而讓人油然而起崇敬之心。今天神韻的藝術家們通過修煉法輪大法，將神性灌注和展現在他們的作品中」。

這應是神韻的成功祕笈，可是沒有一樣是中共旗下雜耍式的所謂藝團所能偷學。所以這種當代的「中華文藝復興」，早已與中共無關，真正的法脈是在神韻身上。最近幾年，中共花大錢到外國大學廣設「孔子學院」企圖爭奪文化的解釋權，最後都遭停辦，原因是中共以文化交流為名，搞黨特務滲透的勾當，連「至聖先師」孔子都被中共抓去當間諜了，這種毀文明滅文化的政權，當然不可能得到世界尊敬。

神韻藝術團樂團以西洋管弦樂隊為基礎，以二胡、琵琶、笛子等傳統中國樂器為領奏或獨奏，演奏出的音樂和諧動聽，既有西方交響樂寬廣、輝煌的氣勢，又突出表現中華文明藝術的民族底蘊和獨特風格。中國舞包括中國古典舞和民族民間舞。神韻藝術團的舞蹈風格主要基於中國古典舞的基本功訓練，並保持一定數量的中國民族民間舞，體現著不同民族的審美特徵與心性。中國古典舞具有數千年的歷史，海納了歷朝歷代的智慧，形成代代相傳的美學意識。中國古典舞早期主要在宮廷及古老的戲劇戲曲

中流傳，它動作高難，技巧豐富，具有超強的表現力。中國民族民間舞是不同地域和民族流傳下來的舞蹈，富涵不同民族的傳統特徵和風格。神韻演出中所展示的不僅是高超的舞蹈技巧、中西合璧的音樂、華美的服飾或動態的舞臺天幕設計，更有天人合一、敬天知命、善惡有報以及「仁、義、禮、智、信」等傳統的價值觀。這些組合的最核心原生理念，都與中共格格不入。甚至是中共多年來，欲除之而後快的美德。

多年來，中共視神韻為大敵。最早的一年，神韻只有一個演出團，但中共派出多達六十個藝術團來海外演出，跟神韻爭奪觀眾，企圖讓神韻無法生存。結果是，中共不僅勞民傷財，並且大敗而歸，來鬧場的張藝謀歌劇《秦始皇》被美國評論家痛斥。再來的幾年，中共要求國內所有藝術團都參與破壞，誰能出國演出就讓誰去，主要目的仍是搶生意鬧場，破壞神韻巡迴演出。中共在派出大量藝術團的同時，還由各地中共領館直接出面，聯繫神韻要演出的劇場，誹謗誣衊神韻藝術團，無理要求各劇場取消和神韻的租借合同，甚至以兩國政經關係相要脅。但中共忘記了西方民主國家和中共的價值觀是截然不同的。中共習慣性地用強盜和流氓的思維邏輯來強迫西方社會劇場，結果

到處碰壁，並且成為西方人的笑柄。各地劇場管理人員經過與神韻藝術團多年的合作，現在非常了解神韻藝術團及法輪功，他們對中共的干擾感到十分厭惡。中共黔驢技窮之際，竟然用下三濫的方式，破壞神韻藝術團在巡迴中的交通工具，企圖製造交通事故來阻止神韻巡演。

中共的邪惡行動，只有一再證明了，神韻存在的歷史必然性。中共在如烈陽照射的「神韻天空下」狼狽不堪，不但統治中國的正當性被質疑，文化的核心也破毀，讓世人認清「共產中國」不是「文化中國」的中心，反而是文化中國的「失樂園」，是個破壞與敗亡的邊緣垃圾場。中共在如日中天的「神韻天空下」已無所遁形，是個滿口謊言窮途末路揀破爛的「文化文盲」。

作者簡介

吳葆璋，資深媒體人，曾任新華社國際部記者及法國國際廣播電臺首任中文部主任。

克萊夫·安世立（Clive Ansley），加拿大人權律師，曾在中國大陸執業14年。能讀說中文，在中國法院訴訟代理過300多個案件，並且多次以專家證人身分於北美、歐洲、澳洲、紐西蘭及香港等地就中國法律問題提出專家見解。曾在加拿大兩所大學從事中國研究及中國法律的教學工作。

張錦華，美國愛荷華大學傳播學博士，現任臺大新聞研究所資深教授、卓越新聞獎基金會董事、NCC衛星廣播電視事業申設及換照審查委員；曾擔任臺大新聞研究所所長、臺大人口與性別研究中心主任、衛星電視公會自律委員會諮詢委員會召集人以及中華傳播學會理事長，2009年獲教育部20年資深優良教師獎。

大衛·喬高（David Kilgour），前加拿大亞太司司長、資深國會議員、諾貝爾和平獎候選人。曾任檢察官、律師。參與編著《血腥的活摘器官》、《盧旺達使命》，長期關注中共活摘法輪功學員器官議題及非洲人權事務。

袁紅冰，流亡作家、中國著名自由主義法學家、詩人哲學家、政治活動家、「中國自由文化運動」發起人、「中國自由文化運動」首席委員、《自由聖火》網站總編輯、中國過渡政府議長、中國聯邦革命黨首任主席。現居澳洲。

章天亮，本名龔澍嘉，喬治梅森大學博士，曾任喬治梅森大學客座教授，現任美國飛天大學人文科學系主任、大紀元時報主筆、新唐人電視臺資深評論員、美國之音客座評論員、主持政論節目《漫談黨文化》和大型講史系列《笑談風雲》。政論文集《中國的和平轉型之路》。

愛德華‧麥克米蘭–斯考特（Edward McMillan-Scott），資深歐洲議會議員，曾任歐洲議會副主席。創建歐盟民主與人權倡議（European initiative for democracy and human rights），該組織促進全球民主化及人權改革。曾獲歐洲大學校際人權與民主化中心（EIUC）頒予獎章。長年關注中國民主化及人權發展，尤其是法輪功人權議題及中國維權律師高智晟。

夏一陽，筆名橫河，出生上海，當過知青、工人和軍人。文革後高考進入大學。在中國和美國曾從事病理生理學和免疫學等領域的研究，近年來成為知名的中國問題專家，發表中國政治、經濟、社會和歷史等領域文章百餘篇。曾

應邀在美國、加拿大、馬來西亞、新加坡、印尼等20多場研討會上發表演說。

卡翠娜・蘭托斯・斯維特（Katrina Lantos Swett），法學博士，現任美國政府之國際宗教自由委員會（United States Commission on International Religious Freedom, USCIRF）前主席、現任委員，該獨立機構負責向美國總統、美國國務院、美國國會提出政策建議，並擔任蘭托斯人權和司法基金會（Lantos Foundation for Human Rights and Justice）主席。在美國塔夫茨大學政治系任教。

滕　彪，人權律師，原中國政法大學教師，現為哈佛大學法學院訪問學者。公盟及新公民運動的發起人之一，北京興善研究所所長。長期參與推動中國維權運動，關注和參與孫志剛案、胡佳案、陳光誠案、高智晟案、曹順利案，以及法輪功學員受迫害案件等。

吳惠林，臺灣大學經濟系博士，美國芝加哥大學經濟系訪問研究。現任中華經濟研究院特約研究員、世新大學兼任教授、臺北科技大學技職所兼任教授。主要研究領域為經濟學、勞動經濟學、經濟發展。著有《中國經濟改革的表象與真相》等書，另有學術文章專論一百多種，時事評論散見各大報章雜誌。

托斯坦・特瑞（Torsten Trey），醫師、醫學博士、美國「醫師反對強制摘取器官組織（DAFOH）」執行長，與諾貝爾和平獎候選人大衛・麥塔斯合編《國家掠奪器官》，並經常在醫學專業雜誌發表中國器官移植濫用相關研究文章。

柯爾克・艾里森（Kirk C. Allison），任美國明尼蘇達大學「大屠殺及種族滅絕研究中心」（the Center for Holocaust and Genocide Studies）教授，並主持該校公共衛生中心「人權與健康計畫」。曾任美國公共衛生協會之「倫理特別主要興趣小組」（Ethics Special Primary Interest Group）主席。

黃士維，臺灣大學醫學士、臺大醫院雲林分院泌尿科主治醫師、臺灣國際器官移植關懷協會副理事長及發言人。曾訪談過眾多臺灣病患，仲介及移植醫師，長期關注中國器官來源問題，致力於制止非法摘取器官的行為。

大衛・麥塔斯（David Matas），加拿大人權律師，畢業於牛津大學，2008年加拿大勳章得主，2009年國際人權協會人權獎得主。同年加拿大政府任命為國際人權及民主發展中心董事，2010年諾貝爾和平獎候選人，長年關注中國法輪功學員遭中共活摘器官的黑幕，與前加拿大亞太司司長大衛・喬高合著《血腥的活摘器官》，與DAFOH執行長托斯頓・特瑞合編《國家掠奪器官》。

朱婉琪，美國紐約州律師、美國賓州大學法學碩士、台灣法輪功人權律師團發言人、美國「醫師反對強制摘取器官組織」亞洲區法律顧問。在亞洲、澳洲、紐西蘭等地協助法輪功學員控告及起訴中共前黨魁江澤民、羅幹等中共官員。法輪功團體向台灣刑事控告10名來台之中共官員違犯殘害人群罪之代表律師。《中國生死書》作者之一。

卡洛斯・伊格列習雅斯（Carlos Iglesias），西班牙人權律師，曾在西班牙政府教育、科學及租稅部門擔任公職。任法輪功學員在西班牙控告江澤民、薄熙來、羅幹、賈慶林、吳官正等五名中共官員違犯群體滅絕罪及酷刑罪的代表律師，該案被告獲西班牙國家法院刑事起訴。曾在聯合國人權理事會大會上就中共迫害法輪功發表演說。

李維娜，中共文革前出生，畢業於北京舞蹈學院，曾在廣東歌舞劇院擔任主要演員，後移居澳洲。現任總部在紐約的神韻世界藝術團團長。

楊憲宏，資深媒體人、人權活動家、臺灣關懷中國人權聯盟創會理事長、中央廣播電臺節目《為人民服務－楊憲宏時間》節目主持人。曾任環球電視總經理《Taiwan News財經文化周刊》社長及《Taiwan News》總編輯。所創立之臺灣關懷中國人權聯盟獲澳洲齊氏文化基金會頒發第七屆推動中國進步獎之特別獎。

國家圖書館出版品預行編目(CIP)資料

前所未有的邪惡迫害：滅絕人類的善性 / 托斯坦.特瑞
(Torsten Trey), 朱婉琪編著;臺灣國際器官移植關懷協會醫
法小組譯. -- [臺北市]：博大國際文化, 2015.07
面；　公分
ISBN 978-986-88976-8-7(精裝)

1.政治迫害 2.人權 3.器官移植 4.中國

571.99　　　　　　　　　　　　　　104012160

前所未有的邪惡迫害
——滅絕人類的善性

編　　　者：托斯坦‧特瑞 Torsten Trey
　　　　　　朱婉琪
譯　　　者：台灣國際器官移植關懷協會醫法小組
編　　　輯：黃蘭亭
美 術 編 輯：曹秀蓉
出　　　版：博大國際文化有限公司
電　　　話：886-2-2769-0599
網　　　址：http://www.broadpressinc.com
台灣經銷商：采舍國際通路
地　　　址：台北縣中和市中山路2段366巷10號3樓
電　　　話：886-2-82458786
傳　　　真：886-2-82458718
華文網網路書店：http://www.book4u.com.tw
新絲路網路書店：http://www.silkbook.com
規　　　格：14.8cm x 21cm
國 際 書 號：ISBN 978-986-88976-8-7(精裝)
定　　　價：NT$350元 / US$12
初 版 日 期：2015年 7 月
二 版 一 刷：2015年 9 月

版權所有 翻印必究